Martin Born
Gießberts Gartenbuch

Martin Born

Gießberts Gartenbuch

Illustriert von Sepp Buchegger

4. Auflage 2008

© 2005/2008 by Silberburg-Verlag GmbH,
Schönbuchstraße 48, D-72074 Tübingen.
Alle Rechte vorbehalten.
Satz und Umschlaggestaltung: Anette Wenzel, Tübingen,
unter Verwendung einer Zeichnung von Sepp Buchegger.
Druck: Gulde-Druck GmbH, Tübingen.
Printed in Germany.

ISBN 978-3-87407-645-6

Besuchen Sie uns im Internet
und entdecken Sie die Vielfalt unseres Verlagsprogramms:
www.silberburg.de

Gartentipps Januar

Januar

Gartenplanung   Der Januar ist nach Janus, dem römischen Gott der Tore, benannt. Er steht für Beginn und Eröffnung. Dies bezieht sich auch auf Ihren Garten. Planen Sie jetzt schon das neue Gartenjahr und treffen Sie die ersten Vorbereitungen dafür. Saatgut und Pflanzenbedarf können jetzt schon in Ruhe besorgt werden. Für den Gemüsegarten empfiehlt es sich, einen Anbauplan aufzustellen, der die richtige Aufteilung der Gemüsearten nach Fruchtfolge und Erntezeit enthält.

Überwinterung von Kakteen Wenn Sie Kakteen gut durch den Winter bringen wollen, beachten Sie, dass die Mehrzahl der Kakteen dann nicht im Wohnzimmer bleiben kann. Besser geeignet ist der Keller oder ein kühler Raum. Die Tagestemperatur darf höchstens 15 Grad betragen, und in der Nacht mögen Kakteen Temperaturen um fünf Grad. Während des Winters halten Kakteen eine Art Winterschlaf und sollten deshalb einen trockenen Standort bekommen.

»Kellerkinder« pflegen Vergessen Sie im Winter nicht die Kellerkinder, die überwinternden Kübel- und Balkonpflanzen. Diese Pflanzen sollten regelmäßig angefeuchtet, und vor allem Geranien müssen auch regelmäßig ausgeputzt werden. Welke Blätter entfernt man und verhindert so Fäulnisbildung. Falls Sie Fuchsien und Geranien noch nicht zurückgeschnitten haben, so ist es dafür höchste Zeit. Nur so erzielen Sie runde Büsche und eine frühe Blüte.

Weiches Gießwasser   Wasser ist zum Gießen da, keine Frage. Aber: Vor allem Leitungswasser weist unterschiedliche Härtegrade auf. Ist der Kalkgehalt sehr hoch, tritt eine Verlaugung der Erde ein; die Erde riecht dann »sauer«, an Tontöpfen zeigen sich weiße Verfärbungen. Ein Abkochen des Gießwassers reicht oft nicht aus, um den Kalkgehalt zu mindern. Besser scheint Torf zu wirken: In einen Eimer Wasser ein Säckchen mit zerkleinertem Torf einhängen (20 Gramm pro Liter) und etwa zwölf Stunden stehen lassen.

Gartentipps — Januar

Runter vom Rasen Wenn es richtig kalt ist und es geschneit hat, ist es für den Rasen wichtig, dass er nicht betreten wird, denn die Gräser atmen durch die lockere Schneedecke. Betritt man den schneebedeckten Rasen, führt das zu Vereisungen. Die Gräser können nicht mehr atmen, was schädlich für das Wachstum ist. Abhilfe schafft man, indem man die Schneedecke mit der Eisenharke aufraut.

Schädlinge aufstöbern Die Obstbäume empfinden es als recht wohltuend, wenn ihre Stämme mit einer Stahldrahtbürste abgekratzt und so die Schädlinge in ihren Winterverstecken aufgestöbert werden. Denn der Frost hat nicht allen Raupen, Maden, Larven und Puppen ein Ende gemacht. Im Gegenteil: Eine gleichmäßige, strenge Kälte ist diesen ungebetenen Baumbewohnern viel lieber als warme, sonnige Tage, die ihre winterliche Ruhezeit unterbrechen.

Frostschutz-Kontrolle Wenn sich Väterchen Frost ankündigt, empfiehlt es sich, die Wintermäntel der Pflanzen aus Laub, Fichtenreisig oder Ähnlichem zu überprüfen und in Ordnung zu bringen. Falls Schnee gefallen ist, sind diese Kontrollen überflüssig, da der Schnee den Frost auf natürlichste Weise abhält. Liegt jedoch zu viel Schnee auf den Pflanzen, können Zweige abbrechen. Deshalb nassen Schnee sofort abschütteln.

Obstbäume auslichten Die frostfreien Tage im Januar können durchaus für Gartenarbeiten genutzt werden: Die Schere hat Hochkonjunktur. So sollten Sie jetzt den Obstgehölzschnitt durchführen. Auch die Ziergehölze werden ausgelichtet – zu dicht stehende und alte Äste werden dazu entfernt und die Pflanze wird in der Höhe etwas eingekürzt. Wenn Sie Kübelpflanzen im Winterquartier haben, nicht vergessen: Die trockenen Zweige sollten abgeschnitten werden.

Geschichten   Januar

Wie groß ist ein Garten?

Die Frage ist: Wann ist ein Garten groß? Ich kenne richtig kleine Gärten an kleinen Reihenhäusern, die eine gärtnerische Vielfalt hervorbringen, die erstaunlich ist. Sie wirken viel größer, weil so viele unterschiedliche Blumen erblühen und weil viel Aufwand getrieben wird, um auf der kleinen Fläche immer eine große Blütenpracht zu haben. Diese Gärten haben natürlich keine zehn Rosenstöcke oder 15 Dahlienbüsche mit einem Meter fünfzig Höhe. Aber kaum sind die Tulpen verblüht, sind sie aus der Erde geholt und schon stehen fleißige Lieschen dicht an dicht. – Nur nebenbei, das fleißige Lieschen heißt auch im Englischen so: Busy Lizzy.

Ich hatte übrigens einmal einen Garten von fast 15 Ar Größe. Es war furchtbar. Die Arbeit war nicht zu bewältigen, trotz einer größeren Rasenfläche. Und gegen Wühlmäuse musste

ich auch noch einen jahrelangen Krieg führen. Harte Arbeit, karger Lohn. Der Garten war einfach zu groß, obwohl er übersichtlich war. Wann ist ein Garten richtig groß? Vielleicht, wenn man ihn nicht mehr bewältigt?

Ein gartenverrückter Engländer hat mir mal erzählt, wann ein Garten richtig groß ist. Die Szene ist folgende: Es kommt Besuch, der nach dem Hausherrn und Gärtner fragt. Die Hausfrau antwortet: »Er ist im Garten, aber ich weiß nicht wo!« Sehen Sie, das ist dann ein großer Garten!

Die Entstehung des Paradieses

Das Wort »Paradies« kommt aus einer altpersischen Sprache und bedeutet nichts anderes als »Garten«. Das heißt: Gärten wurden im Altertum schon wortreich beschrieben. Auch in der Bibel. Die Gartenkunst kommt somit eindeutig aus dem Orient. Die Könige von Jerusalem hatten berühmte Gärten, zwischen deren Mauern fruchtbare Bäume und würzige Kräuter wuchsen: Granat-, Nuss-, Myrrhen- und Balsambäume, Weinstöcke, Rosen, Lilien, Alhenna und Safran. In diesen Gärten gab es Teiche zur Bewässerung. Die Hängenden Gärten der Semiramis zu Babylon zählten im Altertum zu den sieben Weltwundern. Das waren große Gartenterrassen auf zahlreichen Pfeilern, mit Bäumen und Springbrunnen.

In den Gärten der persischen Könige gediehen die Pflanzen, die erst viel später in den europäischen Gärten auftauchten: Flieder und Rosskastanie, Platane und Maulbeerbaum, Zitrone und Zypresse, Pfirsiche und Aprikose, Tulpen und Kaiserkrone, Hyazinthen und Iris. Die Römer mussten dann gar nicht mehr viel erfinden und waren geradezu gartenverrückt. Der römische Kaiser Diokletian dankte ab, um seinen Garten auszubauen. So etwas würde heute nicht einmal ein grüner Außenminister machen. Es gab bedeutende Römer,

die auf ihrem Grabstein als Lebensalter nur die Jahre angaben, die sie mit ihrem Garten verbracht hatten. Die Jahre, die sie im Krieg und in Rom zugebracht hatten, zählten sie nicht.

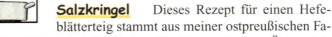

Rezept   *Januar*

Salzkringel Dieses Rezept für einen Hefeblätterteig stammt aus meiner ostpreußischen Familie. Wahrscheinlich haben Vorfahren, die aus Österreich stammten, dieses Rezept von dort mitgebracht.

500 g Mehl mit einem viertel Liter Milch und einem Würfel Hefe, zwei Eiern und Butterstücken aus 150 g Butter in einer Schüssel verkneten. Einen guten Teelöffel Salz nicht vergessen. Der Teig sollte erst nass sein (unter Umständen noch Milch zugeben), dann locker-trocken (unter Umständen noch Mehl zugeben). Außerhalb der Schüssel stark durchkneten und SWR4 hören. Den Teig dann in einer Schüssel abgedeckt warm stellen und 40 Minuten gehen lassen.

Danach wieder kneten und den Teig auf 1 cm Stärke ausrollen und mit Butterscheiben belegen. Die Butterscheiben müssen nicht dick und nicht »flächendeckend« sein. Zwischen den Scheiben Abstand und am Rand eine 5 cm breite »butterfreie Zone« lassen.

Dann die Teig-Butterfläche mehrfach zusammenklappen, bis ein 10 auf 10 cm großer Würfel entsteht. Anschließend den Teig mit Mehl auf etwa 3 cm Stärke ausrollen und 2 cm breite Streifen schneiden. Die Streifen von beiden Seiten drehen und zu runden Kringeln verschlingen (Durchmesser 4 bis 5 cm). Mit Eigelb bestreichen und mit Salz und Kümmel bestreuen. In einem »recht heißen« Ofen (240° C) backen, bis die Kringel eine leichte Bräuntönung haben. Zu starke Bräuntönung gibt schnell hartes Gebäck.

Die Salzkringel schmecken am besten direkt aus dem Ofen mit Trollinger-Lemberger oder Chianti.

Gartentipps Februar

Februar

Gießen von Hydrokulturen   Beim Gießen von Hydrokulturen sollten Sie nicht immer auf »Maximum« auffüllen. Warten Sie, bis der Wasserstandszeiger auf »leer« steht, und füllen Sie erst dann wieder auf. So haben die Wurzeln Zeit, Sauerstoff zu tanken. Füllen Sie dagegen ständig Wasser bis »Maximum« auf, bildet sich langsam eine Zone, in die kein Sauerstoff mehr gelangt. Das führt in der Folge dazu, dass die Düngerlösung umkippt und sich Fäulnis bildet.

Verblühte Alpenveilchen Wenn Ihre Alpenveilchen im Februar verblüht sind, sollten Sie die Pflanze normal mit Feuchtigkeit und Nährstoffen versorgen. Im Juli diese Nährstoffversorgung einstellen. Das Alpenveilchen wird jetzt trockener gehalten und in der Folge sterben die Blätter ab. Im Oktober können Sie vorsichtig mit Gießen beginnen. Idealerweise stellen Sie die Pflanze jetzt in einen hellen, etwa 15° C kühlen Raum. Ab November können Sie sich auf ein blühendes Alpenveilchen freuen.

Fuchsien an sonnigen Plätzen Es ist ein verbreitetes Vorurteil, dass Fuchsien nur an schattigen und halbschattigen Plätzen wachsen. Sie brauchen auch mit einem sonnigen Balkon nicht auf Fuchsien verzichten. Geeignet sind dafür folgende Sorten: Nickis Findling (orange), Pink Fantasia (rosa/blau), Liebelei (rot/weiß), Condor (rosa) und die Balkonkönigin (rot/blau). Achten Sie darauf, dass die Fuchsien immer gut feucht sind.

Schutz der Baumrinde   Warme Mittagssonne und kalte Nachtfröste bieten Gefahren für die Obstbäume. Der Saft in der Rinde dehnt sich zu rasch aus, sodass die Rinde platzen kann. Um diese Temperaturunterschiede zu vermeiden, empfiehlt es sich, die Baumstämme mit einer Kalkbrühe anzustreichen. Die helle Farbe reflektiert die Sonnenstrahlen (ohne sie aufzunehmen) und mildert dadurch die starken Temperaturschwankungen und ihre Folgen.

Weihnachtsstern   Was tun mit dem Weihnachtsstern, der zu Weihnachten wunderschön blühte und jetzt keinen guten Eindruck mehr macht? Werfen Sie die Pflanze keinesfalls weg, sondern schneiden Sie den Weihnachtsstern nach dem Verblühen zurück und kultivieren Sie ihn im Zimmer weiter. Die Austriebe werden bis Juni gestutzt und ab Mitte Oktober stellt man die Pflanze an einen dunklen Ort, dann zeigt sich zu Weihnachten ein neuer Blütenansatz.

Gartentipps — Februar

Blüte zur »Unzeit«   Schöne Blüten sind nicht immer ein Zeichen von Gesundheit. Langlebige Blattgewächse können plötzlich zur ungewohnten Zeit erblühen: Dies geschieht, wenn ihre Lebensbedingungen sehr unzureichend sind – Nährstoffmangel, Trockenheit, Kälte. Dann wollen die betroffenen Pflanzen schnell noch durch einen Fruchtansatz für Nachkommen sorgen. Die Wachstumsstörung kann sich aber nach Beseitigung der schlechten Verhältnisse wieder legen.

Zieht euch warm an!   Frost kann den Pflanzen im Garten ganz schön zusetzen, deshalb empfiehlt sich ein wärmender »Mantel«. Konkret heißt das: Lochfolie, Schlitzfolie oder Vlies halten die Sonnenwärme fest und erwärmen den Boden nachhaltig. Aber, vor mehrtägigen starken Frösten kann die Folie auch nicht schützen. Die Folie an einer Seite eingraben, an der windabgewandten Seite mit Steinen oder einem Brett beschweren. Bei Gemüse nicht länger als drei Wochen verwenden, sonst entsteht zu viel Nitrat. Die Folie nicht an einem sonnigen Tag entfernen, sonst bekommen die Pflanzen Sonnenbrand.

Gutes aus dem Kaffeesatz Wahrsager sehen im Kaffeesatz künftige Ereignisse voraus, das braune Gemisch lässt sich aber auch bestens als Dünger einsetzen. Kaffeesatz ist organisches Material und kann über den Kompost entsorgt werden. Natürlich können Sie ihn auch »pur« auf den Beeten im Garten ausstreuen. Dort wird der Kaffeesatz durch Mikroorganismen und Regenwürmer weiter humifiziert. Ebenso ist die Beimischung zu Blumenerden möglich. Kaffeesatz reagiert leicht sauer, enthält zwei Prozent Stickstoff, wenig Phosphorsäure und Kalium.

Gartentipps — Februar

Fruchtfolge im Gemüsebeet In der ökologischen Landwirtschaft ist die so genannte Fruchtfolge gang und gäbe, die Böden werden dann nicht so ausgelaugt. Auch das Gemüsebeet kann so besser genutzt und gleichzeitig geschont werden. Bauen Sie auf einer Fläche nacheinander Starkzehrer (Kopfkohl, Tomate oder Sellerie), dann Mittelzehrer (Porree, Möhre oder Rettich) und zum Schluss Schwachzehrer (Kopfsalat, Zwiebel oder Fenchel) an. Nach einer Pause kann dieser Zyklus von neuem beginnen.

Eine Distel mit Geschmack Artischocken Marke Eigenanbau, das kann gelingen, wenn Sie jetzt im Februar die Samen in Töpfe aussäen, am besten zwei oder drei in einem Gefäß. Wenn die Samen aufgegangen sind, lässt man den größten Sämling stehen und zieht die anderen heraus. Für eine Pflanze müssen Sie einen Quadratmeter Platz veranschlagen. Nach den Eisheiligen kommt der Setzling ins Freie. Ernten kann man die Blütenknospen bereits im ersten Jahr und zwar dann, wenn sie noch geschlossen sind. Lässt man die Knospen stehen, erhalten sie eine violette Distelblüte.

Was darf auf den Kompost? Ein Kompost-Haufen im Garten ist praktisch, hier lassen sich pflanzliche Abfälle »biologisch« entsorgen und es entsteht Dünger. Allerdings darf nicht alles auf den Kompost: Unkräuter, die Samen tragen, sollten Sie zum Beispiel nicht auf diese Weise entsorgen, das Unkraut wird sich sonst weiter vermehren. Auch Wurzel-Unkräuter, wie Quecken, haben dort nichts zu suchen. Waren die Pflanzenreste mit Krankheiten befallen (Feuerbrand, Obstbaumkrebs, Monilia-Spitzendürre), dann sollten sie ebenfalls nicht auf dem Kompost landen. Gekochte Speisereste ziehen Ungeziefer an, auch Schalen von Zitrusfrüchten sollten in den normalen Müll.

Geschichten   Februar

Die Langeweile und der Garten

Warum arbeitet man eigentlich im Garten? Aus einem unerklärlichen Bewegungsdrang, aus Freude an der Arbeit, aus Freude an der Natur, aus Freude an der Freude. Aber aus langer Weile? Eher nicht. Obwohl – darüber brauchen wir nicht zu streiten, Langeweile ist was Schlimmes. Im Winter ohne Gartenarbeit kann es schon mal geschehen: Die Arbeit ist langweilig, das Buch ist langweilig, die Zeitung auch, ebenso das Fernsehprogramm. Da ist sie, die Langeweile.

Merkwürdigerweise kommt es bei Kindern schneller zu »Langeweile-Anfällen« als bei Erwachsenen. Bei Kindern gibt es das Motto: »Das Schlimmste ist Langeweile!« Kinder

versuchen dann die Langeweile ganz schnell zu bekämpfen, bevor es noch schlimmer wird.

Als meine Tochter acht oder neun Jahre alt war, sagte sie an einem sonnigen Nachmittag ziemlich streng zu mir: »Mir ist langweilig, trag mich durch den Garten!« Wie jeder andere Vater es auch getan hätte, habe ich sie durch den Garten getragen. Über den Rasen, durch das Rosenbeet, an Brombeeren, Himbeeren und Johannisbeeren vorbei, bis zur Trauerweide und zurück. Es hat geholfen, für eine Weile.«

Der Bulle am Gartenzaun

Stellen Sie sich vor: Sie stehen im Garten und bewundern Ihre schönen großen Dahlienblüten, und dann sehen Sie am Gartenzaun einen ausgewachsenen Bullen stehen. Er schaut zu Ihnen herüber, seine Augen rollen wild, seine Gurgel brummt gefährlich, Schaum steht vor seinem Maul, an seinem Nasenring baumelt ein Strick. Die Frage ist, wollen die über 15 Zentner Muskeln den Zaun und den Garten zerstören und was dann, und überhaupt, wie kann man so ein Tier einfangen und wer? Die Polizei, die Feuerwehr oder der Tierarzt? Letzterer vielleicht mit einem Gewehr und Betäubungspfeil?

Seien Sie nicht erstaunt, wenn ich Ihnen jetzt einen Tipp gebe, wie Sie einen Bullen am Gartenzaun einfangen können. Ich habe es vor einiger Zeit im Stuttgarter Polizeibericht gelesen. Da lief in Stuttgart ein Bulle frei rum – bis ein cleverer Polizist mit dem Streifenwagen an den Bullen so heranfuhr, dass der Strick, der bis auf die Erde hing, unter dem Reifen war. Der Bulle war gefangen und konnte ohne Probleme abtransportiert werden.

So jetzt wissen Sie, wie man einen Bullen einfängt, der am Gartenzaun steht.

Rezept   Februar

Bauernomelett Ich finde es schade, dass über so genannte »einfache« Gerichte fast nicht gesprochen wird. Dabei könnte man bei solchen Rezepten auch mal über Verfeinerungen diskutieren. Für mich ist ein Bauernomelett ein Hochgenuss. Das Missverständnis bei diesem Rezept fängt schon damit an, dass manche Köche Bratkartoffeln verachten oder als Schnellgericht betrachten. Da muss man sich aber Zeit nehmen.

Die Kartoffeln (500 g) werden am Vortag nicht zu stark durchgekocht, haben noch einen festen Kern. Die dünnen Scheiben in Butter anbraten. Bevor sie knusprig werden, mit Salz, Pfeffer und frisch gehacktem (oder getrocknetem) Rosmarin würzen. In einer anderen Pfanne nicht zu klein geschnittene Zwiebeln in Butter dünsten. In der dritten Pfanne 400 g Schwarzwälder Schinken in kleinen Würfeln anbraten. Wenn das Fett ausgelassen ist, 400 g Champignons in Scheiben dazugeben. In der Zwischenzeit 8 Eier verrühren und mit Salz und Pfeffer würzen. Dann alles zusammen in der großen Pfanne mischen. In drei Minuten ist ein hervorragendes Essen auf dem Tisch. Wenn die Zeit dafür reicht, ist ein grüner Salat immer gut dazu.

Ich mache Bauernomelett am liebsten um Mitternacht für meine Tennisfreunde. Allerdings muss da ein Grappa bei der Verdauung helfen.

Gartentipps   März

März

Düngung der Frühjahrsblüher   Frühjahrsblüher wie Schneeglöckchen, Narzissen, Tulpen und Winterlinge müssen Sie jetzt düngen, damit sie auch im nächsten Jahr wieder kräftige Blüten zeigen. Diese Pflanzen können die Nährstoffe nur aufnehmen, solange sie grüne Blätter haben – und die ziehen sie ja bekanntlich nach der kurzen Blüte wieder ein.

Harzfluss am Kirschbaum   Entdecken Sie an Ihrem Kirschbaum Harzfluss, so sollten Sie die befallene Stelle jetzt herausschneiden. Achten Sie darauf, dass Sie das gesunde Holz nicht beschädigen. Anschließend muss die Wunde mit einem Verschlussmittel aus dem Gartenfachgeschäft behandelt werden.

Gartentipps — März

Kamelie In Ostasien ist die Kamelie, die zu den Teegewächsen gehört, eine uralte Kulturpflanze. Sie benötigt vor allem eine sehr torfhaltige, abgelagerte Erde, kalkfreies Wasser und einen gut belüftbaren Standort. Beginnen Sie jetzt, die Pflanze einmal wöchentlich mit kalkfreiem Düngemittel zu düngen. Nach der Knospenbildung sollte die Kamelie nicht mehr gedreht werden.

Pflanztipps für Rosen Die ersten Frühlingsmonate sind eine günstige Pflanzzeit für alle Rosen. Bereiten Sie den Boden schon einige Wochen vorher mit reichlich Kompost und Rosendünger vor. Einige Stunden vor der Pflanzung tauchen Sie die Rosen in einen Eimer mit Wasser. Kürzen Sie die Wurzeln der neuen Rosenpflanze um etwa ein Drittel. Alle Zweige werden kräftig zurückgeschnitten, so ermöglichen Sie den Pflanzen ein schnelles und leichteres Anwachsen.

Obstbäume schneiden Im März sollten Sie den Korrekturschnitt an neu angepflanzten Jungbäumen vornehmen. Dieser Schnitt ist notwendig, damit die Bäume gleichmäßig in die Höhe und nicht zu dicht wachsen. Schneiden Sie alle Langtriebe, die nicht zu größeren Ästen werden sollen, mit der Handschere rigoros weg. Langtriebe, die Sie erhalten wollen, kürzen Sie um die Hälfte. Fruchttriebe, die Sie an dem kurzen, gestauchten Holz erkennen, werden dagegen beim Korrekturschnitt nicht geschnitten.

Wir sind neugierig ...

... was Sie von dem Buch halten, dem Sie diese Karte entnommen haben.

Titel des Buchs

Wie wurden Sie auf das Buch aufmerksam?

Bitte schreiben Sie uns ganz offen Ihre Meinung. Sie ist wichtig für unsere weitere Verlagsarbeit.

Der Silberburg-Verlag hat sich auf Baden-Württemberg spezialisiert. Haben Sie Ideen oder Vorschläge zu Buchthemen?

... Sie auch?

Tragen Sie einfach umseitig Ihre Anschrift ein. Gerne senden wir Ihnen dann Informationen zu unseren Neuerscheinungen.

Im Silberburg-Verlag erscheint »**Schönes Schwaben**« – die farbige Monatszeitschrift zu Kultur, Geschichte, Landeskunde. Informativ und unterhaltsam, aktuell und zeitlos. Mit traumhaft schönen Fotos und interessanten Artikeln von kompetenten Autoren. Das Magazin, in dem auch schwäbische Mundart gepflegt wird. Sollen wir Ihnen einmalig ein kostenloses Probeheft senden?

☐ Ja   ☐ Nein

Absender (bitte gut lesbar schreiben):

Name

Straße

PLZ   Ort

Beruf   Alter

Für Silberburg-Bücher interessiert sich auch:

Antwort

Silberburg-Verlag GmbH
Schönbuchstraße 48
D-72074 Tübingen

Bitte als
Postkarte
frankieren

Hartnäckiges Unkraut Giersch, auch unter dem Namen Aegopodium bekannt, gehört zu den hartnäckigsten Unkräutern im Garten. Er wuchert stark und tief. Die Bekämpfung ist schwierig. Da hilft nur starkes Jäten oder die Aussaat von Kapuzinerkresse. Unter der dichten Pflanzendecke der Kapuzinerkresse wird der Giersch unterdrückt. Eine andere Möglichkeit – mit einer etwa 30 Zentimeter hohen Laubschichten den Giersch abdecken.

Rasenpflege Sie können jetzt einiges tun, um das Grünen Ihres Rasens zu unterstützen. Entfernen Sie angewehte Blätter und Zweige, um zu verhindern, dass unter ihnen schmierige Stellen entstehen. Bei trockenem Wetter ist ein flacher Reinigungsschnitt angebracht. Düngen Sie Ihren Rasen mit einem Spezialdünger und verschaffen Sie ihm so die Frühlingskur.

Gemüse aussäen Bohnen werden bei passendem Wetter Anfang März direkt ins Beet gesät, andernfalls wird vorkultiviert. Jetzt gesäter Spinat wird größer und hat weniger Oxalsäure als Winterspinat. Viele Salate, Möhren, Rettich, Kohlrabi, Schwarzwurzeln, Kerbel und Bohnenkraut können jetzt schon unter der Folie ausgesät oder gepflanzt werden.

Zierspargel vermehren Die Zierspargelpflanze (*Aspargus densiflorus*) lässt sich jetzt leicht durch Teilung vermehren. Topfen Sie die Pflanze aus und schütteln Sie die verbrauchte Erde aus dem Wurzelballen. Teilen Sie die Pflanze mit einem scharfen Messer in mehrere Stücke und pflanzen diese in kleinere Töpfe. Gießen Sie die Pflanze anfangs vorsichtig, damit ihre Wunden an der Wurzel gut verheilen können.

Rhododendron mag es sauer Jetzt können Sie Rhododendren pflanzen. Da diese Pflanzen saure Erde brauchen, hilft man sich mit einem Trick. Graben Sie dazu die vorgesehene Pflanzfläche in Höhe des Wurzelballens um und mischen so viel Torf unter, dass der Boden zur Hälfte aus Torf und zur Hälfte aus Mutterboden besteht.

Geschichten   März

Der Ostergarten

Der berühmte Berliner Maler Max Liebermann hat sich Anfang des vergangenen Jahrhunderts den Garten an seinem neuen Haus am Wannsee so angelegt, dass er gut zu malen ist. Er wählte die Anlage der Beete und die Blütenfarbe der Blumen so, dass es gemalt auf seinen Bildern wunderbar aussehen konnte. Sogar die Gartenbank stellte er so vor einen dunklen Hintergrund, dass sie besonders gut wirkte. Dann hat er sie gemalt.

Wenn man darüber nachdenkt, dann ist das eine völlig andere Art einen Garten anzulegen. Vielleicht haben Sie vergangene Ostern daran gedacht, dass es gar nicht so abartig wäre, bei der Anlage des Gartens an Ostern zu denken. Es gibt Gärten, da kann man ganz schlecht Ostergeschenke verstecken,

weil es zu wenig Abwechslung gibt. Es gibt aber Gärten, da wimmelt es alle paar Meter von Versteckmöglichkeiten: In der Clematis an der Birke, im Efeu am Nussbaum, überall am alten, schon lange nicht mehr bewohnten Hasenstall, hinter diversen Mauern, im Blauregen, in der Buddleja und im Jasmin, zwischen den Johannisbeeren oder ganz gemein in den Brombeeren, schwirig auch auf der Trauerweide, ganz zu schweigen von der Gießkanne – halt nein, das ist zu leicht.

Also, wenn Sie wieder einmal einen Garten anlegen, denken Sie an Ostern – oder an den Maler Max Liebermann.

Jochen Gummibär

Vielleicht sind Sie der Meinung, ein Hase im Garten sei etwas Schönes, Nettes, Unterhaltsames und Rührendes. Ist es auch. Ein hoppelnder Stallhase im Garten kann tatsächlich eine Freude sein. Der Hase meiner Tochter war vor Jahren ein solch außergewöhnlicher, optischer Anziehungspunkt im Gar-

ten. Er hieß Jochen Gummibär und konnte, wenn er gut gelaunt war, Männchen machen. Der Hase lief seiner kleinen Herrin im Garten hinterher wie ein junger Hund. Ich war so begeistert, dass ich dem Hasen ein kleines Häuschen rund um die Trauerweide herum gemauert habe. Ich behauptete, zum Spott meiner Familie, es sei ein Hasenschloss. Immerhin hatte das Schloss fast italienische Dachziegel und ein kleines Fenster, durch das der Hase immer sprang.

Doch der Hase dankte es mir nicht. Kaum hatte ich Salat oder Petersilie gepflanzt, schwupp fraß der Hase mit unglaublicher Geschwindigkeit mindestens zehn Pflanzen hintereinander weg. Kaum waren die Radieschen gesät, scharrte er alles auf einen Haufen und legte sich wohlig in die Kuhle. Wollte ich umgraben, legte sich das Langohr in die Furche vor meinen Spaten, sozusagen eine Sitzblockade gegen das Umgraben. Alles was sprießte, wurde angebissen, herausgezogen oder abgebissen.

Als der Hase nach vielen Jahren an Altersschwäche starb, hat meine Tochter geweint, ich nicht. Aber wir haben ihn hinter dem Hasenschloss beerdigt und ich habe ihm ein Holzkreuz gezimmert. Um ehrlich zu sein, manchmal fehlt mir der kleine Störenfried im Garten doch.

Überbackener Mozzarella Dieses Rezept habe ich von unserem Fernsehkoch Vincent Klink, dessen Gerichte Gießbert alle 14 Tage im Radio weitergibt. Es kommt mir sehr entgegen, weil ich etwas für den italienischen Büffelmozzarella übrig habe und für Gartenkräuter. Hier wird beides gebraucht.

Vier Scheiben Toastbrot entrinden und zusammen mit Thymian, Rosmarin und Petersilie mahlen. Mozzarella (bei vier Personen reichen zwei große Kugeln – möglichst nicht aus der Plastiktüte, sondern frisch in der Lake kaufen) in fingerdicke Scheiben schneiden. Salzen und pfeffern. Dann in Mehl wenden, durch zwei gerührte Eier ziehen, mit einem Salbeiblatt belegen und im vorbereiteten Kräuter-Panierbrot wenden. In Olivenöl hell ausbacken, sodass die grüne Farbe erhalten bleibt. In der Mitte des Tellers auf Rucola platzieren.

Dies ist eine hervorragende Vorspeise, kann aber auch genauso mit Brot und Wein ein kleiner Hauptgang sein.

Gartentipps   April

April

Oleander umtopfen   Alle paar Jahre sollten Sie Ihren Oleander umtopfen, junge Oleander jährlich. Jetzt ist hierfür die beste Zeit. Verwenden Sie eine Erdmischung aus Kompost, Rindenhumus und Sand. Nehmen Sie die Pflanze aus ihrem Topf und lockern Sie den verfilzten Wurzelballen mit einem Messer auf, damit die Pflanze angeregt wird, neue Wurzel zu bilden.

Gartentipps — April

Lauch   Ihr Lauch sollte bei der Ernte einen möglichst langen weißen Schaft haben, da die dunkelgrünen Teile bitter schmecken und in der Küche nicht so oft Verwendung finden. Den Weißanteil Ihres Lauchs vergrößern Sie, indem Sie die Setzlinge möglichst tief in die Erde pflanzen.

Erdbeeren unter Folie   Bei Erdbeeren wirkt ein Folientunnel wahre Wunder, die Ernte lässt sich gut drei Wochen vorverlegen. Zunächst wird der Boden gelockert und gelüftet, gegebenenfalls auch gewässert. Bevor der Folientunnel über den Erdbeer-Reihen aufgestellt wird, sollte man die kranken Blätter entfernen. Unter dem Zelt stellt sich ein warmes Kleinklima ein. Sobald die Blüten ansetzen, das Foliendach bei warmem Wetter öffnen. Das ist wichtig für die Bestäubung durch Insekten.

Gartentipps — April

Herzig auch im Schatten   Sie fristen gerne ein Schattendasein: Tränende Herzen mögen dunkle Plätze, wenn sie nur gut feucht sind. Die wie an einer Perlenschnur aufgereihten roten Herzchen mit weißer Träne haben seit Jahrhunderten ihren festen Platz in Bauerngärten, sie eignen sich aber auch gut als Kübelpflanzen. *Dicentra spectabilis*, so lautet der wissenschaftliche Name der Tränenden Herzen. Obwohl sie herzig wirkt, ist die Pflanze robust und anspruchslos. Kräftige Exemplare werden bis zu 90 Zentimeter groß, es gibt inzwischen aber auch niedrige Sorten.

Frauenschuh braucht Ruh   Die heimischen Orchideen sind Schmuckstücke im Garten, allerdings verlangen sie Rücksichtnahme. Der Frauenschuh bevorzugt etwa ein halbschattiges Plätzchen und kalkhaltigen Humusboden – so, wie er es ursprünglich vom Laubwald her gewohnt ist –, selbst wenn Sie eine Züchtung gepflanzt haben. Wilde Orchideen stehen nämlich unter Naturschutz. Die Wurzeln, die sich flach unter der Erdoberfläche ausbreiten, wollen nicht gestört werden, deshalb sollten Sie den Boden in unmittelbarer Nähe vorsichtig bearbeiten. Der Frauenschuh will eigentlich nur eines – seine Ruhe, nur dann fängt er auch an zu blühen.

Mini-Alpinum im Trog   Wer keinen Platz für einen richtigen Steingarten hat, kann sich alternativ ein Mini-Alpinum anlegen. In einen großen Steintrog werden am Boden bis zu drei Löcher gebohrt, um überschüssiges Wasser abzuleiten. Das Gefäß auf Füße stellen (beispielsweise auf dicke Steinplatten). Am Boden ein Vlies oder Draht einlegen, darauf eine Kiesschicht häufen. Die Erde darf steinig und nährstoffarm sein. Pflanzen wie Katzenpfötchen, Fetthenne oder Leimkraut einsetzen und die Oberfläche dann mit hübschen Steinen modellieren.

Öfter mal was Neues Sie suchen das Besondere für Ihr Gemüsebeet? Spargelerbsen (*Tetragonolobus purpureus*) sind wahrhaftig nicht überall zu finden. Sie stammen aus dem Mittelmeer-Raum, haben purpurfarbene Blüten und vierflüglige Hülsen. Aussaat ist im April, dabei sollten Sie auf einen Abstand von einem halben Meter zwischen den Reihen achten. Spargelerbsen eignen sich auch als Rankgewächse für Zäune und Gitter. Die Hülsen werden gut fünf Zentimeter lang. In Butter gedünstet sind sie eine Beilage, man nimmt sie auch für Suppen und Eintöpfe.

Green Card für Salat   Bauen Sie doch mal würzig-frische Asia-Salate in Ihrem Garten an. »Pak Chou« und seine Verwandten sind meist Kohl- und Wirsingarten, die jung geerntet und mit frischen Kräutern, Sesamkörnern und Sojaöl wunderbar schmecken. »Misume« ist würzig und leicht scharf, »Mizuma« etwas säuerlich. Je nach Wetterlage kann man diese Sorten fünf bis sieben Wochen nach der Aussaat ernten.

Kapuzinerkresse als Würze   Kapuzinerkresse zählt zu den ältesten und bekanntesten Gartenpflanzen. Ihre Heimat ist Südamerika, wo die meisten der 50 Arten im Gebirge von Mexiko bis Chile vorkommen. Kapuzinerkresse bevorzugt einen sonnigen Standort, bei zu wenig Licht fehlt der Anreiz zur Induktion, also zur Knospenbildung. Die Pflanzen bilden dann nur Blätter und keine Blüten. Die jungen Blätter, Blüten und Knospen eignen sich – sparsam verwendet – zum Würzen von Salaten und Rohkost.

Windstille für Margeriten   Die weiße Blütenpracht der Strauchmargeriten begeistert jeden Hobbygärtner, doch vor allem auf dem Hochstämmchen sind sie äußerst empfindlich. Das spröde Holz des dünnen Stammes hält sommerlichen Gewitterböen kaum stand, deshalb brauchen die Margeriten einen windstillen Platz. Außerdem sollten Sie Verblühtes schnell entfernen, um das Nachblühen zu fördern. Zu viel Nässe schadet, häufig werden Margeriten von Wurzelpilzen befallen.

Schnitt nach der Blüte   Forsythien dürfen als klassische Frühjahrsblüher nur direkt nach der Blüte geschnitten werden. Wer mit dem Schnitt bis in den Sommer hinein oder gar bis zum Herbst wartet, der riskiert, die Blüte des kommenden Jahres regelrecht abzuschneiden. Forsythien blühen an den neuen Frühjahrsaustrieben. Wer also den Nachblüteschnitt verpasst hat, der sollte besser nicht mehr zur Schere greifen und ein Jahr aussetzen.

Flotter Käfer an der Lilie Wer Lilien in seinem Garten hat, der freut sich meist nicht allein an deren Blüten. Schon bald kommt ungebetener Besuch von auffällig roten Käfern – den Lilienhähnchen. Die Tiere fressen zunächst Buchten in die Blätter, später verzehren sie Stumpf und Stiel. Kontrollieren Sie Lilien regelmäßig und sammeln Sie die Käfer und Larven ab. Vorbeugend hilft Rainfarn- oder Wermut-Tee aufgespritzt, der Geruch hält die Käfer auf Distanz.

Kräuter gegen Flöhe Zwei Fliegen mit einer Klappe schlagen, das kann der Hobbygärtner bei der Schädlingsbekämpfung durchaus. Wussten Sie, dass Erdflöhe und Kohlweißlinge das Gewürzkraut Beifuß überhaupt nicht mögen? Und Bohnenkraut wird von Läusen geradezu gehasst, Ihnen dient es jedoch als schmackhafte Würze für den Eintopf. Ein Stängel Pfefferminze passt prima in die sommerliche Bowle; Ameisen, Erdflöhe und Kohlweißlinge sind hingegen wenig begeistert von diesem Kräutlein.

Wenn Engerlinge wüten Wenn Engerlinge im Salat-Beet wüten, war des Gärtners Liebesmüh umsonst. Die Schäden können enorm groß sein. Besonders wohl fühlt sich der Engerling auch bei Erdbeeren und Rosen. Die Tiere ernähren sich während ihres dreijährigen Bodenaufenthalts von Wurzeln. Pflanzen Sie Knoblauch als Zwischenfrucht, das vertreibt den Engerling. Oder Sie tricksen ihn einfach aus, indem Sie einen Salat als Lockpflanze verwenden.

Geschichten   April

Rostbraten im Kräutergarten

Irgendwie neigen Männer dazu, wenn sie schon mal im Garten arbeiten, auch dort zu bleiben. Wenn sie betonieren, kommen sie nie auf die Idee, zwischendurch im Garten zu arbeiten. Frauen haben dagegen den Hang, alles auf einmal zu machen. Da laufen schon mal mehrere Arbeiten gleichzeitig. Man könnte zu dem Schluss kommen, dass dies einer erhöh-

ten Intelligenz bedarf, man könnte auch von einer fehlenden Organisation sprechen oder von überzogener Hektik.

Die Frau meines Freundes Erwin kann einen wunderbaren Rostbraten brutzeln – mit viel Zwiebeln und viel Soße. Der Duft zieht dann durchs ganze Haus. Man könnte glauben, dass dieses Gericht ihre ganze Aufmerksamkeit benötigt. Völlig falsch. Da gibt es nämlich eine zeitliche Lücke, die mit Arbeit in der Küche nicht mehr richtig zu füllen ist. Der Rostbraten muss nämlich ein paar Minuten ruhen. Was macht die Frau meines Freundes Erwin, wenn der Rostbraten in die Ruhephase fällt? Sie eilt in den Garten und jätet flugs Unkraut. Schnell ein paar Disteln gezogen und wieder im Galopp zurück in die Küche zu dem nichtstuenden Rostbraten.

Merkwürdig ist, dass beides perfekt ist, der Rostbraten und der Garten. Die Frau ist ein Genie!

Juristisches Baumfällen

Mein Freund Erwin war verzweifelt. Er wollte vor dem Haus eine große Birke fällen und hoffte auf die Hilfe seines Sohnes, seines Zeichens hoffnungsvoller Jurastudent. Es ist nicht mehr genau zu klären, welche Rolle Erwins Frau bei der Tragödie spielte. Auf jeden Fall, je näher der Fälltermin rückte, umso mehr juristische Einwände kamen vom Sohnemann. Einmal meinte er, Erwin brauche eine Genehmigung der Gemeinde, weil der Baum schon eine gewisse Stärke überschritten habe. Dann hieß es, aus privaten Gründen dürfe man die Straße nicht sperren, um den Baum zu fällen. Wobei die Straße wirklich keine Bundesstraße ist, sondern eher eine Sackgasse.

Die Diskussion um das Baumfällen nahm solche Ausmaße an, dass Erwin beleidigt verkündigte, er wolle den Baum nicht mehr fällen. Die Familie solle halt einen Gärtner beauftragen, er wolle nichts mehr damit zu tun haben. Der Gärtner kam und arbeitete so professionell wie unkompliziert. Ihn kümmerte die Stärke des Baumes mit der dazugehörigen Genehmigung überhaupt nicht und er sperrte die Straße mit einem quer gestellten Anhänger und einer Leiter.

Jetzt ist Erwin wieder obenauf und lästert über juristische Einwände beim Baumfällen.

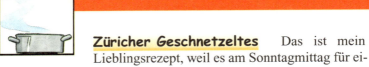

Rezept — April

Züricher Geschnetzeltes Das ist mein Lieblingsrezept, weil es am Sonntagmittag für eine Großfamilie mit zehn Personen locker zu machen ist. Außerdem hat es mir einmal eine Verbindung zu einer Hörerin gerettet. Sie hatte angerufen und sich über das Sonntagskonzert beschwert, weil sie da nicht kochen könne. Ich konnte aber glaubhaft versichern, dass ich während des Konzertes Züricher Geschnetzeltes zubereiten könne.

Kalbfleisch von der »Nuss« (500 bis 1000 g) schnetzeln und anbraten. Mit Salz, Pfeffer und Majoran würzen, aus der Pfanne nehmen und warm stellen. Aus dem Bratensaft eine Bratensoße (mit Würfel) kochen und in die dünne Soße eine Mischung aus Crème fraîche, Quark und Sauerrahm geben. In die Soße mindestens ein Achtel Trollinger-Lemberger gießen und unter Umständen die Soße etwas einkochen. Dann Soße und Fleisch mischen. Das ist etwas für Leute, die viel Soße mögen und sich auf den Rest am nächsten Tag freuen.

Die Rösti mache ich schlicht: Rohe, geschälte Kartoffeln in der Haushaltsmaschine reiben, mit Salz und Pfeffer würzen. Zwei Zentimeter dick in der Pfanne mit ausreichend Butter braun braten und wenden.

Mai

Stauden ausbringen   Jetzt ist die Zeit für die Aussaat von Stauden. Probieren Sie in diesem Jahr doch mal Wildstauden wie Blaukissen, Bergenie, Rosenprimel oder Alpenglöckchen als schöne Alternative. Ältere Herbststauden, die im letzten Jahr nicht mehr schön geblüht haben, können Sie teilen, sobald die Triebe sichtbar werden. Die geteilten Pflanzen wachsen wieder prächtig.

Maiglöckchen   Maiglöckchen finden Sie im Fachhandel als vorgezogenen Topfballen bei den Stauden. Sie vermehren sich nicht über Zwiebeln oder Knollen, sondern über dicke weiße Rhizomwurzeln. Nach der Blüte können Sie die Pflanze aus der Erde nehmen und vorsichtig mit den Händen teilen und wieder einpflanzen. Maiglöckchen lieben es schattig bis halbschattig. Wichtig: Maiglöckchen sind giftig.

Flieder   Möchten Sie nicht einen Fliederstrauch in Ihrem Garten pflanzen? Denken Sie daran, dass vor dem Pflanzen der Boden gelockert werden sollte. Schwerer Boden muss mit Humus oder Kompost vermischt werden. Das Pflanzloch sollte eineinhalbmal so groß sein wie der Wurzelballen. Flieder hat den großen Vorteil, dass Sie ihn nicht zurückschneiden müssen.

Braunfäule an Tomaten Ein Pilz verursacht bei Tomaten die gefürchtete Braunfäule. Er liebt hohe Luftfeuchtigkeit und Temperaturen zwischen 13 und 18° C. Deshalb: Tomaten mit weitem Abstand pflanzen, nicht in den Abendstunden von oben beregnen, sondern immer direkt am Fuß gießen. Ideal ist ein Foliendach, das den Regen abweist, jedoch winddurchlässig ist. An den Seiten herunterklappbare Folie hilft zusätzlich, Nässe zu vermeiden. Bei Wind und Sonne können die Seiten hochgefaltet werden.

Spritzmittel für Tomaten Sie können Spritzmittel für Tomaten selbst herstellen: Sie geben zwei Hand voll Tomatenblätter und Seitentriebe (auch Geiztriebe genannt) in einen Eimer mit zwei bis drei Liter kochendheißem Wasser und lassen diese Flüssigkeit erkalten. Nachdem Sie die Grünmasse abgeseiht haben, können Sie die Flüssigkeit spritzen.

Blattläuse Gegen Blattläuse kann auch ein altes Hausmittel helfen. Geben Sie zwei Hände voll Brennnesseln in einem Eimer Wasser und lassen Sie diese Mischung mindestens zwölf Stunden ziehen. Die abgeseihte Brühe geben Sie in eine Gartenspritze und besprühen damit die befallenen Pflanzen. Dabei auch die Stängel und Blattunterseiten nicht vergessen.

Weinrebe will klettern

Sie können auf Ihrem Balkon oder in Ihrem Garten Weinreben pflanzen, vorausgesetzt Sie haben eine geschützte, sonnenbestrahlte Hauswand, an der die Rebe emporwachsen kann. Heben Sie die Pflanzgrube etwa 80 Zentimeter tief aus und füllen Sie etwas Kies hinein, damit das Wasser gut ablaufen kann. Vermischen Sie die Erde mit viel Kompost und pflanzen Sie die Rebe so, dass die Veredelungsstelle gerade noch oberhalb der Erde liegt. Düngen Sie die Rebe von Zeit zu Zeit.

Entspitzen ist spitze Selbst gezogene Balkon- und Sommerblumen werden dichter und entwickeln mehr Knospen, wenn sie immer wieder entspitzt werden. Die Triebspitzen mit einem Messer kürzen oder die obersten ein bis zwei Blattpaare mit den Fingern abkneifen. Dadurch werden die Seitenknospen zum Durchtreiben angeregt. Sind auch die neuen Triebe wieder lang genug, wird das so genannte Pinzieren wiederholt.

Buchs in Form bringen Buchs wächst langsam, deshalb müssen Jahr für Jahr auch nur leichte Kronenkorrekturen vorgenommen werden. Anfang Mai nimmt man mit einer Gartenschere den neuen Zuwachs zurück. Jetzt ist auch die beste Zeit, an der Erziehung von Hochstämmen zu arbeiten. Dafür werden bis zum gewünschten Kronenansatz alle Seitenäste am Stamm entfernt, die restlichen Zweige werden nur leicht eingekürzt.

Kinder lieben Kürbisse Wenn Sie im Herbst Kürbisse ernten wollen, müssen Sie im Frühjahr mit der Aussaat beginnen. Ab Mai dürfen die Pflanzen nach draußen, sie benötigen sehr viel Wasser und – vor allem viel Platz. Planen Sie zwei Quadratmeter Fläche pro Setzling ein.

Beerenobst unter der Lupe Höchste Zeit, sich einmal das Beerenobst vorzunehmen: Kontrollieren Sie jetzt die Triebspitzen auf Mehltau. Bei Befall – sofort abknipsen. Wichtig ist es auch, bei Himbeeren oder Johannisbeeren abgestorbenes oder krankes Holz zu entfernen. Denn diese älteren Äste werden gerne von Pilzen befallen. Und nehmen Sie die Beeren an die Leine, sprich, ziehen Sie übersichtliche Spaliere, vor allem bei Brombeeren, da diese schnell wuchern. Leiten Sie die Triebe erst nach links, dann nach rechts. Kürzen Sie auch im Wechsel.

Geschichten   Mai

Wie haben wir eigentlich überlebt?

Wer heute so an die 60 Jahre alt ist, muss sich wundern, dass er überhaupt überlebt hat. Als Kinder saßen wir in Autos ohne Sicherheitsgurte und ohne Airbags. Auf dem Fahrrad trugen wir keinen Helm. Wir hatten kein Kinderfahrrad und konnten mit einem Bein unter der Stange des Herrenfahrrads fahren. Wir tranken Wasser aus dem Hahn, nicht aus bunten Flaschen. Wir bauten Seifenkisten und merkten erst auf der Fahrt, dass die Bremsen fehlten. Wir gingen spielen ohne Handy und keiner wusste, wo wir waren. Es gab Unfälle, aber schuld waren nur wir, keiner wusste, was Aufsichtspflicht ist.

Wir aßen Vesperbrote mit dick Butter drauf und wurden nicht dick. Wir tranken mit Freunden aus einer Flasche und keiner ist krank geworden. Wir hatten keine Playstation, kein Nintendo 64, keine Videospiele, keine 64 Fernsehkanäle, keinen Surround Sound, keinen eigenen Fernseher, keinen Computer, keinen Internet-Chat-Room. Wir trafen unsere Freunde ohne Termine und ohne Transporte. Wer beim Straßenfußball schlecht war, durfte nicht mitspielen und musste damit klarkommen. Mancher Freund blieb sitzen, und es gab keine emotionalen Elternabende. Vor der Gartenarbeit gab es kein Entrinnen. Erst später haben wir gemerkt, dass diese Pflicht sinnvoll war. Wenn mal was schief ging, waren die Eltern der gleichen Meinung wie die Polizei.

Unsere Generation hat eine Fülle von innovativen Problemlösern und Erfindern mit Risikobereitschaft hervorgebracht. Wie war das möglich, wie haben wir überlebt?

Der Witwer und der Garten

Ich kenne einen rüstigen Witwer, der seinen Garten über alles liebt. Hier verbringt er die meiste Zeit. Andere Rentner lässt er nach Sankt Petersburg, Südamerika und China reisen, er jedoch widmet sich lieber seinen Blumen, seinem Salat, den Bohnen und den Erdbeeren. Abends isst er gern in seinem Garten und legt auch schon mal einen guten Schweinehals auf den Grill. Dazu der Salat aus seinem Garten und ein Glas Bier. Das Idyll und die Zufriedenheit scheinen perfekt. Ich habe den Eindruck, der Garten hat ihm auch entscheidend geholfen, als er den Verlust seiner Frau zu verkraften hatte.

Dieser Mann mit seiner Zufriedenheit und heiteren Gelassenheit ist natürlich auch ein gewisser Anziehungspunkt für reifere Frauen. Ab und zu lädt er mal eine Dame ein, um ihr seinen Garten zu zeigen. Er bewirtet seinen Besuch rührend. Doch dann kommt schnell der Punkt, bei dem er das Gefühl hat, er müsse klarstellen, welchen Stellenwert der Garten für ihn hat. Er sagt dann beiläufig, aber unmissverständlich: »Dieser Garten hat schon viele Frauen kommen und gehen sehen!« Meist bricht dann sein Damenbesuch bald auf und der Witwer ist wieder allein im Garten. Zufrieden und gelassen.

Spargelcremesuppe Diese Suppe ist mir ein persönliches Anliegen, weil aus meiner Sicht nirgendwo so viel in der Küche gesündigt wird wie bei der Spargelsuppe. Das fängt schon damit an, dass die Suppe als Abfall eines Spargelgerichts angesehen wird. Ich meine dagegen: Den besten Spargel in die Suppe und nicht zu wenig. Also: 500 g weißen Spargel schälen und in Salzwasser kochen. Den Spargel nach 15 Minuten herausnehmen und die Spargelschalen auskochen. Die Spargelspitzen abschneiden und auf die Seite legen. Den übrigen Spargel mit zwei kleinen gekochten Kartoffeln pürieren. 100 g saure Sahne mit einem Teelöffel Mehl verrühren, dazu 100 g Kräuter-Crème fraîche und alles zu dem pürierten Spargel in den Topf mit dem Spargelsud geben, salzen, pfeffern, mit Weißwein abschmecken. Mit den Spargelspitzen noch einmal aufwärmen. Nicht zu wenig Schnittlauch und Petersilie dazugeben. Die königliche Suppe mit einem Löffel geschlagener Sahne krönen und servieren.

Juni

Zeit zum Blumenschneiden   Sommerblumen sollte man immer in den frühen Morgenstunden schneiden. Sie sind dann voll wassergesättigt; das gilt besonders bei sonniger oder windiger Witterung mit geringer Luftfeuchtigkeit. Bei bedecktem Himmel oder feuchter Witterung kann auch tagsüber geschnitten werden. Allgemein gilt: Schnittblumen immer dann ernten, wenn ihre Oberfläche trocken ist. Werden doch feuchte Blumen geschnitten, sollte man sie für kurze Zeit in einem trockenen Raum lagern.

»Spätzünder« bei Sommerblumen

Robuste Sommerblumen können bereits im April gesät werden, so lautet eine Grundregel. Zinnien sind jedoch eine Ausnahme: Sie vertragen einen Kälteeinbruch, wie etwa Anfang Juni die Schafskälte, nur schlecht. Sie entwickeln sich nicht mehr weiter, deshalb sollten Zinnien erst ab Mitte Juni ausgepflanzt werden. Auch Fleißige Lieschen, Vanilleblumen und Lobelien bleiben gerne etwas länger in Vorkultur. Ohne Kälteschock gleichen die Pflanzen ihren Zeitrückstand aber mühelos wieder aus.

Sommerfrische für Alpenveilchen

Das Alpenveilchen sollte ab Juni in den Garten oder den Balkonkasten. Die Pflanze »zieht« ein. Sie muss trocken gehalten werden. Die Knolle wird im Oktober in frische Erde gepflanzt und angetrieben. Die neue Blüte ist im Januar zu erwarten.

Eisen für die Rose

Gelbe Blätter an den Rosen weisen auf einen zu kalkhaltigen Standort hin, denn Kalk bindet Eisen im Boden. Eisen ist aber zur Blattgrünbildung (Chlorophyll) unbedingt notwendig. Beheben lässt sich der Schaden, wenn man die Pflanzen mit einem eisenhaltigen Präparat düngt; diese Mittel gibt es in flüssiger Form oder als Pulver im Fachhandel.

Mehr Rosenblüte durch Schnitt

Für eine üppige Blütenfülle der Rosen ist der Sommerschnitt besonders wichtig, denn damit wird der Neuaustrieb gefördert. Die Schere setzt man einige Blattpaare unter einer verwelkten Blüte, direkt an einem Blattansatz an. Blindtriebe werden um die Hälfte gekürzt, damit sie Blüten bilden. Und: Seitentriebe öfterblühender Strauch- oder Kletter-Rosen werden nach der ersten Blüte zurückgeschnitten. Etwa sechs Wochen nach dem Rückschnitt erscheinen die neuen Blütentriebe.

Tomaten ausgeizen

Tomaten werden in der Regel eintriebig gezogen. Deshalb sollten Sie alle Seitentriebe rechtzeitig entfernen. Wichtig ist, dass Sie die Seitentriebe nur herausbrechen, der Fachmann spricht hier von ausgeizen, und nicht herausschneiden, um die Übertragung von Krankheiten durch das Messer zu verhindern. Vergessen Sie auch nicht, den Tomaten durch rechtzeitiges Anbinden einen Halt zu geben.

Schnittlauch »oben ohne«

Hübsch sehen sie zwar aus, die violetten Blütenkugeln beim Schnittlauch. Die blühenden Halme sind aber leicht holzig und geschmacklich nicht einwandfrei. In der Küche können sie nicht mehr verwendet werden. Wer häufig und reichlich Schnittlauch erntet, der braucht sich wegen der Blüten keine Sorgen zu machen – sie werden durch den Schnitt in ihrer Entwicklung gehemmt. Ansonsten schneiden Sie den Schnittlauch im Juni auf etwa drei Zentimeter Halmlänge zurück.

Rasen nicht »wecken«

Ab Ende Juni legen die Rasengräser eine Wachstumsruhepause ein, das heißt sie wachsen schwächer als im Frühjahr oder im September. Wenn Sie in Urlaub fahren, kommt Ihnen diese Pause sehr entgegen. Wässern Sie den Rasen vor Ihrem Urlaub nicht, da er sonst »aufgeweckt« werden könnte. Am besten schneiden Sie ihn vor Reiseantritt auf etwa vier bis fünf Zentimeter zurück.

Heckenschnitt   Im Juni ist die Zeit des Heckenschnitts. Bei einem Erhaltungsschnitt sollten Sie die Hecke unten breiter als oben schneiden, damit sie nicht »kopflastig« wird. Beim Erziehungsschnitt kürzen Sie alle neuen Triebe um die Hälfte, damit die Hecke schmal und dicht wird. Überprüfen Sie vor Beginn der Heckenarbeiten, ob Vögel in der Hecke brüten, dann sollten Sie mit dem Schneiden unbedingt noch warten.

Schildläuse   An ihrem braunen, halbkugelig geformten Schild erkennt man Schildläuse. Sie lieben trockene und warme Plätze; an solchen vermehren sie sich hervorragend. Unter jedem Schild können bis zu 3000 Eier sitzen. Wenn es noch nicht zu viele Schilder sind, lassen sich diese leicht abkratzen. Ansonsten hilft nur das Besprühen mit einem paraffinhaltigem Blattglanzmittel, unter dem die Läuse ersticken.

Keine Trampelpfade für Ameisen Wie eine kleine schwarze Karawane ziehen sie im Garten oder auf dem Balkon entlang – Ameisen können überaus lästig werden, vor allem wenn sie ihre Nester unter Wege- und Terrassenplatten anlegen. Aber auch gegen Ameisen ist ein Kraut gewachsen: Stellen Sie einige Pfefferminzpflanzen vor Ort auf oder legen Sie einfach frische Minzeblätter aus. Das mögen Ameisen ganz und gar nicht. Salbei hat sich ebenfalls als bewährtes Mittel gegen solche Plagen erwiesen.

Blau blüht der Enzian Alpenglühen im Garten – der Enzianstrauch macht es möglich! Er blüht von Juni bis zum ersten Frost, vorausgesetzt er wird gut gedüngt und gegossen. Enzian ist – hätten Sie es gewusst? – eng mit Tomaten und Kartoffeln verwandt. Er gedeiht am besten an sonnigen Standorten. Die wuchsfreudigen Pflanzen gibt es als Stämmchen oder für ein Rankgerüst.

Der Dreh beim Rhabarber Schnell noch mal kräftig ernten, denn Mitte Juni endet die Rhabarber-Ernte! Nach dem Johannistag am 24. Juni sollten Sie nichts mehr schneiden. Grund für den Verzicht auf Rhabarber ist, dass ab Juni der Oxalsäuregehalt steigt. Dies kann bei empfindlichen Menschen die Bildung von Nierensteinen fördern. Damit die Staude für den Rest der Saison Zeit hat neue Blätter zu bilden, drehen Sie die alten Blätter mit einer kurzen Bewegung einfach ab.

Petersilie mit Rotschopf Petersilie braucht zur Keimung viel Feuchtigkeit und Wärme, regnet es aber zu viel, stellt man häufig eine Rotfärbung des Laubes fest. Beugen Sie deshalb vor, eine späte Aussaat im Juni hat sich bewährt. Wenn Sie die Petersilie im Herbst mit Folie überdecken, ist sogar eine ganzjährige Ernte möglich. Denken Sie daran, der Vitamin-C-Gehalt der Petersilie wird beinahe von keiner anderen Gemüseart erreicht.

Linsen im Eigenanbau Wie wäre es mit Linsen aus dem eigenen Garten? Wenn Sie ein wenig Platz haben, säen Sie einfach einmal Linsen aus. Diese werden wie Erbsen in Reihen gesät, jeweils drei bis fünf Linsen. Die ungewöhnliche Gartenpflanze braucht dann aber etwas Unterstützung, da sie rankt. Binden Sie die Pflanzen also an Stäben fest. Reichlich Sonne noch, und der Ernte steht nichts mehr im Weg.

Geschichten   Juni

Grillen oder streiten?

Wenn Sie an Ihren Nachbarn denken, kommt Ihnen da als erster Gedanke der Bundesgerichtshof in den Kopf? Wahrscheinlich nicht. Aber manchmal ist es so.

Es kann ja sein, dass sich die Wurzeln eines Kirschbaumes ins Grundstück des Nachbarn verirren. Der Nachbar merkt vielleicht nichts und irgendwann wackelt eine Betonplatte. Er entdeckt dann auf der Suche nach dem Schuldigen die Wurzel und dann den Kirschbaum. An dieser Stelle hätte noch alles anders werden können. Normal wäre gewesen, der Nachbar hätte mit Ihnen über den Kirschbaum, seine Wurzeln und über seine Betonplatte geredet. Man hätte zusammen die Wurzel gekappt, die Betonplatte wieder gerade gelegt und Sie hätten den Nachbarn zum Grillen eingeladen.

Doch in dem vorliegenden Fall lief alles anders. Der Nachbar beseitigte zwar die Wurzel allein, ließ sich auch gleich einen neuen schmucken Gartenweg pflastern und präsentierte eine Rechnung von weit über 1000 Euro. Wer will das schon zahlen? Die Wurzel, die Betonplatte, der Pflasterweg und die Rechnung landeten vor Gericht. Zum Schluss vor dem Bundesgerichtshof in Karlsruhe.

Die erstaunliche Erkenntnis der obersten Richter: Die Wurzel musste weg, die Betonplatte musste gerichtet werden, der Pflasterweg nicht. Eine Grillparty wäre billiger gewesen.

»Ich war zu lang im Garten«

Ich hatte mal eine Kollegin, die eigentlich immer guter Dinge war, nur einmal im Jahr kam sie mit dunkler Sonnenbrille – auch wenn der Tag noch so trüb war. Sie sprach dann mit fester Stimme: »Heute ist Sonnenbrillentag!« Dann wussten

alle Bescheid. Am Sonnenbrillentag ging es ihr nicht gut. Keiner wusste warum. Hatte sie geweint? Liebeskummer, Migräne oder vielleicht ein Gläschen Wein zu viel? Keiner wusste es, keiner fragte.

Im vergangenen Jahr kam plötzlich eine andere Kollegin auch mit dunkler Sonnenbrille zur Arbeit. Sie gab aber sofort eine Erklärung ab: »Mir geht's nicht gut, ich war gestern zu lange im Garten!« Das Rätselraten war groß. Denn die Kollegin war nicht dafür bekannt, dass sie wie ein Pferd im Garten arbeitet, vielleicht noch spät abends hackt und umgräbt. Und überdies: Seit wann muss jemand am nächsten trüben Tag eine Sonnenbrille tragen, nur weil er abends im Garten gearbeitet hat? Die Erklärung ist einfach: Es ging überhaupt nicht um Gartenarbeit. Die Dame hatte auf ihrer Gartenterrasse mit Freunden sehr lange draußen gesessen und ein Gläschen zu viel getrunken. Nun hatte sie Kopfweh.

So muss manchmal der unschuldige Garten als Entschuldigung für schuldige Frauen herhalten.

Rezept   Juni

Ungarisches Hirten-Kesselgulasch Dieses Rezept ist eine richtige Gartenüberraschung für zehn bis 15 Freunde, die mal nicht grillen wollen. Sie brauchen allerdings einen Kessel am besten mit einem Dreifuß über dem Feuer oder einen großen Topf auf dem Grill. Bei dem Topf muss man allerdings aufpassen, dass nichts anbrennt, wenn das Feuer zu groß und zu nah ist. Sie sollten gut vier Stunden vor dem Essen mit dem Feuer anfangen und sich viel Zeit lassen.

Erst kommen 1 kg Rinderknochen in den Kessel. Darauf 4 kg gewürfelten Schweinehals, 2 kg geschnittene Zwiebeln, 1 kg gewürfelte Tomaten, 1 kg in Streifen geschnittene Paprikaschoten. Mit 100 g Salz und 300 g edelsüßem, gemahlenem, ungarischem Paprika würzen. Außerdem 100 g scharfen, gemahlenen, ungarischen Paprika nach und nach hinzufügen. Auf keinen Fall jedoch Chili verwenden.

Den Kesselinhalt mit 1 Liter Wasser und 1 Liter Rotwein etwa drei Stunden köcheln lassen. Immer wieder etwas Wasser nachgießen. Nicht umrühren, nur den Kessel drehen. Gegen Ende können die Knochen entnommen und in der letzten halben Stunde rohe, geschälte Kartoffeln dazugegeben werden. Die mildern dann – falls notwendig – das Gulasch etwas ab. Aber scharf muss es schon sein!

Gartentipps Juli

Juli

Schwertlilien selber ziehen Wer von Schwertlilien (Iris) nicht genug bekommen kann, vermehrt sie auf einfache Art und Weise. Bis zum Spätsommer haben sich Fruchtkapseln mit hartschaligen Samen gebildet. Die Samen sofort nach der Reife in Töpfe mit sandigem Boden säen und in ein Frühbeet stellen. Die Kälte des Winters gibt dann den Samen das Signal, im Frühjahr zu keimen. Die Pflanzen weiter kultivieren, bis sie groß genug zum Auspflanzen sind. Bei Züchtungen erlebt der Hobby-Gärtner bei Farbe und Blüte manchmal eine Überraschung.

Optimaler Urlaubsrasen Hält der Rasen die Hitze aus, während Sie im Urlaub sind? Vor Beginn Ihrer Ferien sollten Sie deshalb den grünen Teppich nicht zu kurz schneiden. Das würde seine Widerstandskraft bei Trockenheit deutlich herabsetzen. Nach Ihrer Rückkehr darf der hoch gewachsene Rasen dann nicht in einem Arbeitsgang gestutzt werden, sondern etappenweise im Abstand von drei bis vier Tagen.

Oleander Bei der Pflege Ihres Oleanders ist es wichtig, dass Sie unbedingt das Welke abschneiden und vielleicht sogar das Holz etwas kürzen. Ihr Oleander dankt es Ihnen mit prächtigen Blüten im nächsten Jahr. Denken Sie jetzt auch daran, dass der Oleander viel Wasser braucht. Gießen Sie mindestens einmal täglich.

Clematis-Sterben Blau oder violett sind ihre prächtigen Blüten: Die Clematis oder Waldrebe erfreut uns von Juli bis Oktober mit ihrer Pracht. Wenn die Triebe im Sommer plötzlich absterben, hat die Pflanze meist eine Pilzkrankheit. Dies wird dann Clematis-Sterben genannt. Gefährdet sind vor allem Pflanzen, die auf undurchlässigen Böden in stauender Nässe stehen. Schneiden Sie die abgestorbenen Triebe sofort und sehr tief zurück. Nur dann ist es möglich, dass sich die Clematis wieder regeneriert.

Giftiger Ginster Ginster übersät den Garten mit rosa oder cremeweißen Blüten. Deshalb eignen sich die niedrigen Ginsterarten auch gut als Bodendecker, zudem sind sie pflegeleicht und wachsen sehr schnell. Allerdings – Familien, die ihre Kleinkinder im Garten spielen lassen, sollten vorsichtig sein. Grundsätzlich sind alle Ginsterarten hochgiftig und gehören nicht in Kinderhände.

Bittere Gurken   Die Gurkenernte war reichlich, ist aber mit einem Wermutstropfen versehen: Die Früchte schmecken allesamt bitter. Gurken können nach dem Pflücken einen Bitterstoff ausbilden, der durch ungünstige Kulturmaßnahmen gefördert wird, etwa ein Wechsel in der Feuchtigkeit des Bodens. Deshalb gilt: immer gleichmäßig gießen. Der Boden sollte gut mit Humus versorgt sein. Überhöhte Düngerzufuhr ist ebenfalls zu vermeiden.

Endiviensalat   Jetzt ist der beste Termin zur Aussaat von Endiviensalat. Der Abstand zwischen den Pflanzen sollte 30 Zentimeter betragen. Wenn Sie jetzt Endiviensalat aussäen, können Sie bis in den November hinein ernten, denn auch den ersten Frost erträgt diese Salatsorte. Bekannte Sorten sind »Diva« und »Escorial«; beachten Sie auch, dass es Endivie als glatt- und krausblättrige Sorten gibt.

Schnittmaßnahmen an Himbeeren Wenn Sie eine Himbeerrute ganz abgeerntet haben, dann nehmen Sie diese aus dem Bestand heraus. Dazu schneiden Sie die Rute dicht über dem Boden ab. Entfernen Sie darüber hinaus schwache und überzählige Jungtriebe, dann erfreut Sie die Himbeere auch im nächsten Jahr mit reicher Ernte.

Rückschnitt für mehr Ertrag Pfirsiche und Sauerkirschen tragen Früchte an einjährigen Langtrieben, die im Jahr nach der Ernte verkahlen. Sie treiben nur Zweigspitzen aus und bringen weniger Ertrag. Ein starker Rückschnitt wirkt dem entgegen, schneiden Sie die Zweige deshalb auf zwei bis drei Knospen ab. Letzter Zeitpunkt für den Rückschnitt ist Mitte Juli. Wird später geschnitten, reift das neue Holz nicht mehr aus. Solche Triebe erfrieren leicht.

Hahnenfuß Wenn in Ihrem Garten immer wieder Hahnenfuß an einer Stelle auftaucht, dann sollte das Unkraut nicht nur Ihr Missfallen erregen, sondern Ihnen auch Hinweis sein, dass Ihr Boden unter Staunässe leidet. Tragen Sie unbedingt etwas zur Lüftung des Erdreichs bei, indem Sie mit der Harke oder dem Vertikutiergerät, das Sie im Gartenfachgeschäft auch ausleihen können, den Boden auflockern.

Fuchsie Blüht Ihre Fuchsie im Juli noch nicht, so haben Sie möglicherweise den Standort falsch gewählt. Obwohl die Fuchsie zu den schattenliebenden Balkonpflanzen zählt, braucht sie zum Knospenansatz eine gewisse Lichtintensität. Der Standort sollte also hell, aber nicht vollsonnig sein. Geeignet sind daher Balkone oder Terrassen in freier Ost- oder Westlage.

Geschichten   Juli

Fünf Männer im Garten

Was hat das zu bedeuten, wenn fünf Männer an einem Sommerabend bei einem guten Trollinger-Lemberger gemütlich im Garten sitzen? Sie werden sagen, dass dies gar nichts zu bedeuten hat – die fünf sind halt Freunde und haben sich verabredet. Sie werden über die Weltlage, über die Wirt-

schaftslage und die Rotweinlage reden. Doch beim genaueren Hinsehen ist der Gartentermin gar nicht freiwillig entstanden. Heutzutage kann ein Männerabend auch ein Abfallprodukt eines anderen Termins sein.

So war es auch an diesem Sommerabend. Die Ehefrau von einem der fünf Freunde feierte nämlich zu Hause ihren Geburtstag. Solch ein Frauengeburtstag wird heute gern mal völlig ohne Männer gefeiert. Die Frauen wollen unter sich sein, sich ihre Geschichten erzählen und nicht die alten Geschichten der älteren Männer hören. Was sollen da die fünf Freunde machen? Sie können sich nur zusammenrotten und eine eigene Veranstaltung im Garten organisieren. Da ich einer der fünf war, kann ich nur abschließend berichten, dass es keine Trauerveranstaltung war.

Die traurige Geschichte mit der Trauerweide

Mein Freund Erwin war immer stolz auf seine riesige Trauerweide im Garten. »Sie hat etwas Majestätisches«, sagte er immer, »gar nichts Trauriges – und sie betont die romantische Note des Gartens«. Ja, mein Erwin, ein richtiger Romantiker. Nur, die Trauerweide ragte in luftigen Höhen immer weiter in die Nachbargärten. Ob die Nachbarn das auf Dauer für romantisch und majestätisch halten würden, war nicht sicher. Also machte sich Erwin auf, um die Trauerweide zu stutzen. Er fuhr seine Leiter aus, so weit es ging, stellte sich auf die oberste Sprosse und sägte mit einer ausziehbaren Säge an einem mächtigen Ast. Irgendwie hatte Erwin vergessen, die Flugbahn des Astes zu berechnen. Der Ast donnerte in die Magnolie des Nachbarn und zerstörte sie teilweise. Der Nachbar hätte es vielleicht gar nicht gemerkt, wenn er nicht einen

Gärtner beschäftigt hätte. Dieser Gärtner Helmut erzählte das Unglück überall, auch Erwins Frau, und hatte sofort den Auftrag, die Trauerweide zu stutzen.

Seitdem ist Erwin ein bisschen beleidigt. Mit der Trauerweide, mit der Magnolie, mit dem Gärtner Helmut und mit seiner Frau.

Gefüllte Kartoffeln Auch dieses Rezept ist ein echter Klink aus dem Fernsehen und aus SWR4, den ich schon ausprobiert habe. Beim Kochen hatte ich allerdings eine Diskussion mit einem Familienmitglied, in deren Verlauf Vincent Klink gar nicht gut wegkam. Es fielen hässliche Worte wie: »Der kommt mir mit seinen fettigen Sachen nicht in die Küche!« Ich habe den Vincent Klink tapfer verteidigt, musste aber, um des lieben Küchenfriedens willen, eine »Leichtversion« zubereiten.

Sie nehmen große, mehlige Kartoffeln, kochen sie und höhlen sie aus. Die Kartoffelmasse wird gemischt mit Tomate, Schnittlauch, Basilikum, Petersilie, Essig, Zucker, Salz, Pfeffer, geschlagener Sahne (das war der Streitpunkt) und Olivenöl. Dazu kommen aus der Pfanne klein geschnittene Zwiebeln und Speck, etwas Muskat. Die Masse wieder in die Kartoffeln füllen und im Ofen warm machen. Sie können aber auch die Masse über dicke Kartoffelscheiben geben und so wärmen.

Wenn Sie wollen, können Sie als Beilage auch ein Kotelett servieren. Muss aber nicht sein. Es ist auch allein ein schönes, ungewöhnliches Kartoffelgericht.

August

Regen für den Enzian   Die meisten Enzian-Arten lieben sauren Boden, vertragen keinen Kalk und wollen mit Regenwasser gegossen werden. Kalkliebend sind Großblütige Enziane wie *Gentiana clusii* und *Gentiana dinarica*. Herbst- und Frühlingsenzian nicht in die pralle Mittagssonne oder in ausgetrocknete Böden pflanzen. Pflanzzeit für Enzian ist der Spätsommer oder das Frühjahr. Alle Enzian-Arten stehen streng unter Naturschutz. Daher sollten Sie nur Enzian-Exemplare aus gärtnerischer Zucht pflanzen.

Gartentipps — August

Herbstkrokusse Pflanzen Sie jetzt Ihre Herbstzeitlosen und Herbstkrokusse. Die Krokusse müssen zehn Zentimeter tief eingepflanzt werden; ideal ist ein Abstand von zehn bis 15 Zentimetern. Die Blütezeit der Herbstzeitlosen beginnt im September und dauert bei günstigen Bedingungen bis Dezember, allerdings dürfen die Temperaturen nicht unter −7° C fallen.

Hibiskus Der Hibiskus, auch Garteneibisch genannt, zaubert im Nu tropisches Flair in Ihren Garten. Bisher ist der Hibiskus bei uns vor allem als Zimmerpflanze bekannt, aber die Nationalpflanze Hawaiis ist inzwischen auch als winterharte Variante vertreten. Die so genannten Syriacus-Sorten gibt es in unterschiedlichen Farben. Sie tragen zurzeit riesige Blüten und sind für Bienen und Schmetterlinge eine wertvolle Nahrungsquelle.

Sommer-Samen sammeln Einjährige Sommerblumen müssen jedes Jahr aufs Neue ausgesät werden. Wenn sie verblühen und ihre Früchte reif geworden sind, können Sie die Samen einsammeln. Von Blütenstauden können die Stängel abgeerntet auf hellem Papier im Schatten ausgelegt werden. So reifen die Samen nach, ohne vorzeitig auszufallen. In beschrifteten Tüten bis zum Frühjahr aufbewahren. Aber: Einige Sommerblumen müssen bereits direkt nach der Samenernte erneut ausgesät werden, sie brauchen zum Teil Frosteinwirkung.

Nützliches Unkraut Klein gehacktes Unkraut ergibt ein wertvolles Mulch- und Kompostmaterial, denn seine vielfältigen Inhaltsstoffe kommen der selbst gemachten Erde zugute. Schneiden Sie daher das herausgerissene Unkraut mit der Gartenschere klein und geben Sie es anschließend auf den Komposthaufen.

Blattläuse am Kopfsalat Bei feuchtschwülem Wetter, im Hochsommer, wird Ihr Kopfsalat leicht von Blattläusen befallen. Helfen biologische Mittel wie Brennnesselbrühe nicht, so können Sie in Ihrem Gartenfachgeschäft nach einem Präparat fragen, das nützlingsschonend ist und nur die Blattläuse tötet.

Feldsalat jetzt säen
Säen Sie jetzt auf einem gut vorbereiteten Beet Ihren Feldsalat aus. Das Beet sollte vor allem unkraut- und steinfrei sein. Pro Quadratmeter Fläche rechnet man ein Gramm Saatgut. Säen Sie den Feldsalat breitwürfig oder in Reihen mit zehn Zentimeter Abstand. Halten Sie während des Keimprozesses die Erde ausreichend feucht und gießen Sie anschließend wie gewohnt.

Kapern selbst gezüchtet Bei Königsberger Klopsen oder Fischgerichten sind sie ein Muss – Kapern, die in Essigwasser eingelegten Blütenknospen des Echten Kapernstrauchs. Diese Mittelmeersträucher gedeihen auch hierzulande, etwa in Kübeln, wenn sie einen sonnigen Standort und durchlässige Erde haben. Um die Knospen, die jetzt im Sommer erscheinen, zu ernten und einzulegen, sind diese jedoch fast zu schade. Denn sie öffnen sich noch zu schönen, großen violett-weißen Blüten. Der Strauch wirft danach sein Laub ab; im Winter stellt man ihn dunkel und frostfrei.

»Moorige« Zeiten

Der Rhododendron ist aus unseren Hausgärten nicht mehr wegzudenken. Wenn Sie seine Eigenarten beachten, blüht er üppig: Rhododendren gehören zu den Moorbeetpflanzen, sie wollen deshalb einen sauren Boden. Geben Sie darum Hochmoorweißtorf in das Pflanzloch. Verwenden Sie Dünger immer direkt nach der Blütezeit: Dann treibt der Rhododendron kräftig durch und legt bis Ende Oktober die Blüten für das nächste Jahr an.

Kraft für Schwache

Hochwüchsige Obstbäume, deren Stamm mit dem Kronenwachstum nicht mitkommt, lassen sich zu Wachstum anregen, indem die Rinde schräg oder parallel zur Stammachse eingeschnitten wird. Jeder Schnitt sollte 15 bis 20 Zentimeter lang sein. Durch die Wunden wird der Baum angeregt, seine Kräfte im Stamm zu konzentrieren. Der Umfang nimmt dann schnell zu. So lässt sich auch der so genannte Gummi-Fluss bei Kirschbäumen reduzieren, der häufig in verregneten Sommern auftritt.

Ausbrechen der Tomatenblüten

Tomaten wachsen bis zum ersten Frost munter und bilden ständig neue Blütenansätze. Da die Blütenansätze, die sich jetzt bilden, in diesem Jahr keine Tomaten mehr bringen können, ist es sinnvoller, die Blüten herauszubrechen. Die Tomate verschenkt ihre Kraft dann nicht auf diese unnützen Blüten, sondern steckt sie in das Wachstum der vorhandenen Tomaten.

Kartoffeln als »Drahtwurmschreck« Salat Marke Eigenbau wird auch von den Schädlingen geschätzt. So machen sich Drahtwürmer über Endivienpflanzen her und lassen diese absterben. Als »biologische« Gegenmaßnahme eignen sich Kartoffeln. Dazu die »tolle Knolle« halbieren und mit der Schnittfläche nach unten in die Erde einsetzen. Die Schnittflächen ziehen die Drahtwürmer an und so kann man die Schädlinge täglich ablesen und vernichten.

Die größte Beere der Welt Zu viele Früchte verderben die Ernte, das gilt auch für den Kürbis. Achten Sie darauf, dass die Kürbispflanzen nicht mehr als zwei Früchte tragen, sonst kann sich die Ausreifung verzögern. Unterlegen Sie die Früchte am besten mit Dachziegeln oder flachen Steinen, um sie vor Bodenfeuchtigkeit zu schützen. Wussten Sie eigentlich, dass der Kürbis die größte Beere der Welt ist?

Gartentipps — August

Wer zu spät kommt ... Der Aussaattermin für Wintersäzwiebeln muss zwischen dem 15. und 25. August liegen. Ein früherer Saattermin führt verstärkt zu Schossern, bei späterer Saat bleiben die Pflanzen zu klein, was die Gefahr des Auswinterns erhöht. Achten Sie darauf, dass auf dem Beet mindestens drei Jahre keine Zwiebeln gestanden haben. Ein Schattierleinen oder ein Gemüsefliegennetz schützt die Saat vor zu starker Sonneneinstrahlung.

»Hexenring« im Rasen Vertrocknete Stellen und Pilze am Grasrand – wenn Ihr Rasen so aussieht, haben Sie einen so genannten Hexenring. Verursacher ist der Nelkenschwindling, ein Pilz, der sich kreisförmig nach allen Seiten ausbreitet. Selbst durch komplettes Abtragen der befallenen Stellen ist dem Hexenring oft nicht beizukommen. Bleiben Reste erhalten, können die Pilze weiterarbeiten. Nur durch gute Rasenpflege, wie häufiges Mähen und ausreichendes Düngen, können Sie dem vorbeugen und das Auftreten von Hexenringen verhindern.

Iris mit dem Bart Die hohe Bart-Iris, *Iris barbata elatior*, ist viel zu schade, als dass sie nur vereinzelt im Garten auftauchen sollte. Wenn Sie ein Beet anlegen, sollten Sie beachten, dass die Bart-Iris keine aufdringlichen Nachbarn mag, sprich: Sie will nicht bedrängt werden. Das Rhizom wird immer ganz flach in die Erde gesetzt und nur dünn bedeckt. Wenn Sie schon eine Bart-Iris haben, dann können auch die Rhizome zur Vermehrung geteilt werden. Nach der Blüte von August bis Oktober ist die beste Zeit dazu.

Geschichten   August

Erst mal eine Banklehre

Vor einiger Zeit hat eine Zeitung bei Eltern und Kindern große Betroffenheit ausgelöst. Dabei haben die Redakteure in einem Artikel Sätze abgedruckt, die sonst nur Eltern sagen. Das Erstaunliche dabei war die hohe Trefferquote; fast jede Mutter fand darin einen Satz, den sie tatsächlich schon mal gesagt hatte. Die Frau von meinem Freund Erwin musste erkennen, dass nicht nur sie zu ihrem Sohn gesagt hatte: »Mach erst mal eine Banklehre!«

Und als die Tochter sich langsam an den Berufswunsch herantastete, hatte sie gesagt: »Dann kannst du gleich zu Aldi an die Kasse!« Schon beim ersten Freund der Tochter kam die Frage: »Und was machen seine Eltern beruflich?« Erwins Frau war doch überrascht, auch diese Frage in der Zeitung zu lesen. Erwins Tochter freute sich richtig, als sie las, dass nicht nur

ihre Mutter den Ausspruch draufhatte: »Da hat irgendein Junge angerufen, aber ich habe den Namen vergessen!« Nicht anders verhält es sich mit dem Satz: »Wir haben jeden Pfennig zweimal umgedreht!« Oder: »Warte erst mal, bist du selber Kinder hast!« Auch ein weiterer gebräuchlicher Satz war da zu lesen: »Aber heute hilfst du mal im Garten!«

Eine Gartenterrasse zum Dichten

Schon in der römischen Kaiserzeit gab es ausgiebige Diskussionen darüber, was einen Garten zum schönen Garten macht. Zunächst waren die römischen Gärten schlicht und einfach – so wie die griechischen Vorbilder. Allerdings ist umstritten, wie viel Mühe sich die alten Griechen mit den Gärten gemacht haben. Wie in allem haben die Römer dann auch im Garten ein bisschen übertrieben und waren ganz hysterisch mit der Mode, Bäume gestalterisch zu schneiden.

Doch der berühmte römische Dichter und Berichterstatter Plinius der Jüngere pflegte auf dem Land einen äußerst geschmackvollen großen Garten und hat ihn auch beschrieben. Er wollte von jedem Zimmer einen anderen Ausblick und Eindruck von seinem Garten und der Landschaft haben (auch vom Badezimmer aus). Er schildert Goldlack, Buchs und Rosmarin in seinem Garten, weinüberwölbte Säulengänge und kunstvolle Springbrunnen.

Ganz besonders wichtig war ihm jedoch seine ausladende Gartenterrasse, die so groß war, dass er sich von Sklaven in der Sänfte herumtragen lassen konnte, um die frische Luft zu genießen – und um gleichzeitig einem Schreiber Gedichte zu diktieren.

Ich frage Sie, ist Ihre Gartenterrasse groß genug?

Mascarponecreme mit Himbeeren Drei ganz frische Eier mit 50 g Zucker und Vanillezucker so lange rühren, bis sich der Zucker aufgelöst hat und die Masse cremig ist. Dann 250 g Mascarpone zufügen und verrühren. 15 Löffelbisquits mit einer Espresso-Amaretto-Mischung tränken und in der Schüssel auslegen. 250 g frische Himbeeren darüber geben und mit der Mascarponecreme abdecken. Einige Stunden kalt stellen und kurz vor dem Servieren mit Kakao bestreuen.

Wenn Sie dann auf der Gartenterrasse sitzen, können Sie bei diesem Sommergenuss Ihre Himbeersträucher liebevoll-italienisch anschauen. Natürlich schmeckt das Ganze auch ein paar Wochen früher mit Erdbeeren.

September

Pflanzzeit für Pfingstrosen   Jetzt ist Pflanzzeit für Pfingstrosen. Alte Stauden, die in ihrer Blüte stark nachgelassen haben, sollten Sie jetzt ausgraben und zurückschneiden. Zerteilen Sie den Wurzelstock mit dem Spaten in zwei Stücke. Dabei sollten Sie darauf achten, dass jede Teilpflanze mindestens zwei Triebaugen und eine einzelne Wurzel hat. Pflanzen Sie die Pfingstrosen wieder ein und freuen Sie sich auf das nächste Frühjahr.

Zwerge pflanzen   Winterling und Strahlenanemone blühen schon im zeitigen Frühjahr. Beide werden nur etwa zehn bis 15 Zentimeter hoch und können richtige Blütenteppiche bilden. Sie eignen sich auch gut für Töpfe und Kästen. Beide Zwerge werden im Herbst gepflanzt. Vor dem Pflanzen die harten Knollen über Nacht in Wasser legen. Sie quellen auf und bilden dann schneller Wurzeln.

Geranien überwintern   Sie können schon jetzt die Geranien ins Haus holen. Vorher müssen Sie diese allerdings zurückschneiden. Stellen Sie Ihre Geranie an einen hellen und kühlen Standort im Haus, dann blüht sie bis in den Winter hinein weiter. Da die Pflanze jetzt ihren Winterschlaf hält, brauchen Sie diese kaum zu gießen.

Pflanzzeit für Blumenzwiebeln Pflanzen Sie jetzt Ihre Blumenzwiebeln, damit sie bereits in der Erde sind, wenn der erste Frost kommt. Die Blumenzwiebeln mögen einen leichten und humushaltigen Boden. Einen schweren Boden verbessern Sie durch die Zugabe von Kompost oder Perlhumus. Tulpen gedeihen am besten dort, wo bisher keine Tulpen blühten. Setzen Sie die Zwiebel mit der Spitze nach oben etwa zwei Handbreit unter die Erde.

Auch jetzt vertikutieren! Vertikutieren im Herbst? Rasenbesitzer werden widersprechen, ist das doch eine typische Frühjahrsarbeit. Hat sich aber viel Moos im Rasen gebildet, dann ist das Auflockern der Grünfläche jetzt geboten. Das hat den Vorteil, dass, sofern durch diese Maßnahme größere Lücken entstehen, noch eine Nachsaat möglich ist. Bis zum Beginn des Winters hat sich dann schon wieder eine geschlossene Rasennarbe gebildet.

Gartentipps — September

Oleander als Mitbringsel

Es müssen nicht immer Schnittblumen oder Pralinen sein: Selbst vermehrte Oleanderpflanzen sind ein schönes »Mitbringsel«. Wenn Sie Ihren Oleander ab sofort nicht mehr düngen, aber weiterhin regelmäßig gießen, können Sie von einjährigen, kräftigen Trieben Stecklinge schneiden. Sie bewurzeln sich innerhalb von vier Wochen und können dann in einen hübschen Topf gepflanzt und verschenkt werden.

Ein Hauch Alpenzauber

Sie erinnert uns an den Urlaub in den Bergen: Die Silberdistel kann auch im Hausgarten ihren Platz finden. Silberdisteln wachsen gerne auf lehmigen, mit Schotter durchsetzten Böden. Trockenheit wird gut vertragen. Beachten Sie: Silberdisteln dürfen nicht in der Natur ausgegraben werden, sie stehen unter Naturschutz. Gärtnereien bieten Disteln für den Garten an. Als Pflanz-Nachbarn eignen sich Kartäusernelken, Fingerkraut oder Gräser.

Aus-Zeit für Gladiolen

Auch die schönste Blütenpracht geht einmal zu Ende. Im September ist die Zeit der Gladiolen vorbei. Wenn das Laub vollkommen trocken ist, können Sie die Knollen aus der Erde nehmen. Legen Sie diese bei sonnigem Wetter ins Freie und lassen sie gut durchlüften. Danach werden das Laub und sämtliche Erdrückstände entfernt. Die gesäuberten Gladiolenknollen können dann in einem kühlen, frostfreien Raum eingelagert werden.

Aussaat für Zwischendurch   Der Gemüsegarten ist abgeerntet, Kohl & Co. bereits verarbeitet. Vor allem schwere Sandböden sollten nun wieder schnell bedeckt werden, dadurch wird ein Austrocknen verhindert. Überflüssige Nitrate können nicht ausgewaschen werden und ins Grundwasser gelangen. Für die Aussaat so genannter Zwischenfrüchte eignen sich Phacelia, Sonnenblumen und Hafer. Der Boden sollte nach der Saat angedrückt werden, damit die Keimung besser erfolgt. Die Aussaat ist bis Mitte September möglich.

Jetzt an den Frühling denken   Der im Frühling noch unbelaubte Gehölzrand eignet sich gut für eine Bepflanzung mit Frühlingsblühern. Traubenhyazinthen, Anemonen, Botanische Tulpen und Zwiebel-Iris. Für Schneeglöckchen und Winterlinge sollte man genügend Freiraum einplanen, damit sie ihre volle Schönheit auch nach Jahren noch entfalten können. Unter flach wurzelnden Bäumen haben Stauden keine Chance. Hier wachsen zahlreiche Blumenzwiebeln wie Waldanemone, Märzenbecher, Blaustern und Zierlauch. Bei allen gilt: Pflanzen Sie üppig und in Nestern.

Frühlingsbote Schneeglöckchen   Die Zwiebeln werden im Herbst gepflanzt, vor Beginn der Fröste. Ansonsten fassen sie kaum noch Fuß. Wer bereits Schneeglöckchen im Garten hat, kann diese im Frühjahr teilen und an neuen Standorten wieder auspflanzen. Vorsicht, ausgegrabene Zwiebeln trocknen rasch aus, da sie keine schützende Hülle besitzen. Deshalb sollten sie möglichst sofort wieder in die Erde.

Geschichten   September

Feuer im Garten

Feuer im Garten ist eine strittige Geschichte. Da sind diejenigen, die behaupten, Feuer gehört nun mal ab und zu in einen Garten. Es sind hauptsächlich Männer, die das sagen.

Deshalb bemühen auch manche Männer den Grillgedanken nur, um mal wieder ein Feuer zu machen. Und dann ist da die mindestens gleich starke Gruppe der Ablehner. »Kein Feuer im Garten!«, lautet die strenge Anweisung. Da wird alles bemüht, was es an Argumenten gegen das Feuer gibt. Zum Beispiel der Feuerschutz im Haus, der Umweltschutz, der Tier-

schutz, der Schutz der Welt vor Kohlendioxyd wegen der Erderwärmung. Als ob die Erwärmung des Weltklimas von einer kleinen Feuerstelle im Garten ausginge!

Doch die Gegner haben es zunehmend schwerer mit dem Feuer. Gartenarchitekten entdecken das Feuer als künstlerisches Gestaltungselement, so ähnlich wie Wasser. Gartenmärkte verkaufen immer mehr Artikel, die mit Feuer zu tun haben. Zum Beispiel Dosen mit Feuerpaste. Es gibt sogar ganze Stämme zu kaufen, die so gesägt sind, dass sie gut im Garten aufrecht brennen, so genannte »Schwedenfackeln«. Man braucht auch gar keine Feuerstelle mehr, ein Feuerkorb aus Stahl tut es auch.

Selbst die Frauen in der Gruppe der Feuergegner sind sich nicht mehr einig: Neulich hat mir eine Frau gestanden, Feuer habe etwas Erotisches.

Gießen für die Pflanzen oder für die Seele

Über das Gießen ist eigentlich alles gesagt: Wann man gießen sollte – abends – und wie – reichlich nämlich. Die Technik des Gießens und Wässerns ist inzwischen auch ausgefeilt. Es gibt perfekte Wasseranschlüsse und Beregnungssysteme. Eine Gießkanne braucht man wirklich nicht mehr. Es gibt Firmen, die alles für den Garten herstellen, Gießkannen gibt es da aber keine mehr. Dies ist für mich ein Problem.

Am liebsten gieße ich mit einer schönen, altmodischen Gießkanne, im Sonnenschein, am Samstagvormittag, mit aufgekrempelter Hose, barfuß in Sandalen. In der morgendlichen Wärme Wasser zu holen und dabeizustehen, wie das Wasser zwischen Gräsern und Blumen herunterperlt und versickert, ist ein Genuss. Vor allem kann man da in aller Ruhe darüber nachdenken, wie das mit der Arbeit die Woche über war und wie das nächste

Woche sein wird. Auch alle Familiengeschichten kann man ungestört durchdenken. Jetzt könnte man natürlich sagen: Stell dich halt am Samstagvormittag in den Garten, sonn' dich, denk über alles nach und vergiss das Gießen.

Nein, das Gießen gehört dazu. Also müssen mir alle Gartenfreunde verzeihen, dass ich zur falschen Zeit mit dem falschen Gerät gieße. Ich habe den Eindruck, der Garten verzeiht mir die Sünde sowieso.

Rezept   September

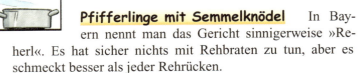

Pfifferlinge mit Semmelknödel   In Bayern nennt man das Gericht sinnigerweise »Reherl«. Es hat sicher nichts mit Rehbraten zu tun, aber es schmeckt besser als jeder Rehrücken.

Sie schneiden fünf alte Brötchen in feine Scheiben und bestreuen alles mit Salz und Muskat. Einen viertel Liter Milch erwärmen, zu den Brötchenscheiben geben und zugedeckt gut ziehen lassen. Eine große Zwiebel fein würfeln, in Butter dünsten und zusammen mit klein geschnittener Petersilie, Lauch, 30 g Mehl und zwei Eiern verkneten. Ist der Teig zu weich, noch Mehl dazugeben. Große Knödel formen und in kochendem Salzwasser 20 Minuten ziehen lassen.

500 g Pfifferlinge putzen, eine halbe Zwiebel in Olivenöl dünsten und die Pilze dazugeben. Nach wenigen Minuten 100 g Crème fraîche, 100 g saure Sahne und etwas Mehl anrühren und zu den Pilzen geben. Reichlich Thymian, Majoran und Lavendel dazu, mit Pfeffer und Salz abschmecken. Dann thront der große Knödel auf dem Teller, umgeben wie ein Wasserschloss mit Pilzsoße – jedoch kein Schloss riecht so gut nach Kräutern.

Oktober

Umgraben Freie Flächen sollten Sie jetzt umgraben. Das gilt vor allem für schwere Böden, die zur Verdichtung und zur Verschlämmung neigen. Durch das Umgraben kann das Niederschlagswasser besser aufgenommen werden. Außerdem kann so der Frost in tiefere Bodenschichten eindringen und damit im Winter seine lockernde Wirkung vollbringen.

Azalee Die Azalee, auch Rose des Winters genannt, blüht bei richtiger Pflege bis ins Frühjahr. Die Azalee darf weder zu trocken, zu warm noch zu dunkel stehen. Zwar liebt es die Pflanze luftig, allerdings darf sie keine Zugluft abbekommen. Beim Gießen ist besondere Vorsicht geboten. Sie dürfen kein hartes Leitungswasser nehmen, sondern am besten Regenwasser.

Wer die Wahl hat Jetzt können Sie schon planen, welche Sträucher Sie neu in den Garten setzen wollen. Dabei spielt der Standort eine wichtige Rolle, aber auch Ihre Bedürfnisse spielen eine Rolle: Als Sichtschutz eignen sich immergrüne Sträucher, die dem Garten auch im Winter etwas Leben und Farbe verleihen. Solitärgehölze brauchen Platz, um zur Geltung zu kommen. Die Felsenbirne zum Beispiel blüht üppig, versorgt Tiere mit Früchten und erfreut uns durch eine schöne Herbstlaubfärbung.

Wenn der weiße Flieder ... Der viel besungene weiße Flieder wird im Hausgarten oft meterhoch. Zu viel des Guten, sagen sich da manche Gartenbesitzer: Flieder kann problemlos während der Winterruhe zurückgeschnitten werden. Die Jungtriebe können Sie dabei zum Aufbau einer neuen Krone stehen lassen. Die »Verjüngungskur« hat nur einen Haken – auf die Blüte im Frühjahr muss verzichtet werden, der die Knospen abgeschnitten wurden. Danach treibt der Flieder aber wieder kräftig aus.

Winterfester Rasen Ein schöner Rasen will gepflegt sein. Vor Einbruch des Winters sollten Sie deshalb Ihre Grünfläche von Laub und Schnittgut befreien. Bei hoher Feuchtigkeit kann dies zu Fäulnis führen. Für die Überwinterung sollten die Gräser etwa vier Zentimeter hoch sein. Wer im Winter den Rasen betritt, sollte dies vorsichtig tun: Auf Trampelpfaden im gefrorenen Gras wächst im Frühjahr kein Halm mehr.

Hortensien überwintern Hortensien verlieren im Herbst ihre Blüten, danach können Sie sie ohne Rückschnitt ins Haus holen. Am besten überwintern Hortensien an einem kühlen Ort. Ab Februar beginnt die Pflanze mit neuem Austrieb und bildet gleichzeitig Blütenstände. Nach dieser Blüte erfolgt der Rückschnitt, damit die Hortensie wieder aus der Basis bis zum Sommer neue Triebe entwickeln kann.

Bambus im Garten Ihren Bambus sollten Sie vor Beginn der Schlechtwetterperiode etwas zusammenbinden, damit er bei starkem Schneedruck nicht auseinander gedrückt wird. Alte, abgetrocknete Halme, die ungefähr vier bis fünf Jahre alt sind, sollten Sie herausschneiden und vielleicht als dekorativen Vasenschmuck nutzen.

Erntezeit für Winter-Rettich

Väterchen Frost darf auf keinen Fall Bekanntschaft mit dem Winter-Rettich machen: Ab Mitte Oktober muss deshalb die scharfe Knolle geerntet werden. Lassen Sie beim Ausgraben Vorsicht walten, denn beschädigte Wurzeln faulen rasch. Rettich wird im kühlen Keller in einer Kiste mit Sand eingeschlagen. Wenn er austrocknet, ist er ungenießbar – zäh und bitter. Wenn Ihr Rettich pelzig und extrem scharf schmeckt, dann ist dass die Folge von Wassermangel. Auch in zu leichten Böden missglückt der Rettich-Anbau.

Grüße aus Amsterdam

Im Schlager werden die Tulpen aus Amsterdam als wahre Liebesboten besungen. Wenn Sie in Ihrem Garten die beliebten Frühlingsblumen haben wollen, müssen Sie bereits jetzt Vorsorge treffen. Setzen Sie die Zwiebeln an einen sonnigen Standort, etwa 15 Zentimeter tief, um sie vor Wühlmäusen zu schützen. Anspruchslose Wildtulpenarten gedeihen auch in kargen Böden. Mit den Tochterzwiebeln, die sich bilden, können Sie im nächsten Jahr Ihren Tulpenreichtum vermehren.

Teilen und vermehren

Nein, mit Rosen sind sie weder verwandt noch verschwägert – die Pfingstrosen. Ihre Wurzelknollen wurden früher verspeist, heute teilt man die knolligen Wurzelstöcke Anfang Oktober mit einem scharfen Messer. Diese Art der Vermehrung hat den Vorteil, dass die Pfingstrose im kommenden Frühjahr schon wieder blüht. Die Wurzelkrone darf aber nicht zu tief in der Erde sein, nur etwa fünf Zentimeter, sonst wachsen die Pfingstrosen nur kümmerlich nach. Und halten Sie einen größeren Abstand zu anderen Pflanzen!

Äpfel richtig lagern   Wenn die Apfelernte üppig ausgefallen ist, muss das Obst gut eingelagert werden. Die Früchte sollten acht Tage vor der eigentlichen Reife vom Baum genommen und danach kühl – Balkon, Terrasse oder Garage – aufbewahrt werden. Lagert man anschließend die Äpfel in Folienbeuteln, so verzögert das die Fruchtreife, ein Schrumpfen wird zudem verhindert. Die Haltbarkeit der Äpfel lässt sich so um gut zwei Monate verlängern. Sie sollten die Beutel jedoch wöchentlich kontrollieren und faule Äpfel gegebenenfalls entfernen.

Gut gestutzt Strauchmargeriten sind zwar hübsch anzusehen, brauchen jedoch Fingerspitzengefühl. Bevor Sie die Pflanzen ins Winterquartier stellen, müssen sie unbedingt zurückgeschnitten werden. Und das Schnittmaterial lässt sich gut zur Stecklingsvermehrung nutzen. Sie schneiden etwa fingerlange Triebspitzen zurecht, von denen sowohl die Blütenknospen (falls vorhanden) und die untersten Blätter entfernt werden. Diese Kopfstecklinge kommen dann in Anzucht-Erde oder in ein Sand-Torf-Gemisch, werden hell, aber nicht sonnig aufgestellt und ständig feucht gehalten. Wenn Sie sie mit Klarsichtfolie abdecken, fördert dies die Bewurzelung.

Blumenwiese Auch Ihre Blumenwiese müssen Sie winterfit machen. Sollen die Gräser gut durch den Winter kommen, so müssen sie jetzt kurz zurückgeschnitten werden. Vor Beginn der Schlechtwetterperiode ist ein letztes Abmähen sehr zu empfehlen. Warten Sie einige trockene Tage ab, bevor Sie ans Mähen gehen. Und denken Sie daran, Ihre abgemähten Gräser können als Frostschutz auf die Beete gebracht werden oder Sie verwerten den Grasabfall auf dem Komposthaufen.

Pampasgras einwintern Nicht Frost, sondern zu hohe Feuchtigkeit macht im Winter dem Pampasgras zu schaffen. Eine gute Verpackung hilft. Dazu die Blütenstängel abschneiden und die Blätter schopfartig zusammenbinden. Reisig, das um den Blätterschopf gebunden wird, schützt zusätzlich, ebenso das Anhäufeln mit trockenem Laub und eine »Folienhaube«. Diese auch mit Reisig abdecken, damit keine Treibhausatmosphäre entsteht.

Geschichten   Oktober

Der Tag, als Grabowski kam

Als ich ihn sah, wusste ich, es ist Grabowski. Eines Morgens bemerkte ich nämlich auf meinem Rasen einen stolzen, ja, majestätischen Haufen. Der Erdhaufen eines Maulwurfs. Weil Maulwürfe in Kinderbüchern immer »Grabowski« heißen, ging ich davon aus, dass Grabowski bei mir im Garten zu Besuch war. Zunächst hatte ich überhaupt nichts gegen ihn. Im Gegenteil. Ich dachte, ein Maulwurf gehört irgendwie auch mal in einen guten Garten. Doch Grabowski übertrieb es, hörte nicht auf zu graben und trieb mich erst in den Widerstand und dann in den Wahnsinn. In drei Wochen fabrizierte er 30 große Haufen auf kleinem Raum.

In einer kurzen Gerichtsverhandlung, in der Grabowski keinen Verteidiger hatte, wurde er von mir zum Tod durch

eine Falle verurteilt. Doch es gab gar keine Maulwurfsfallen, weil Maulwürfe unter Schutz stehen. Es gab nur Duftstäbe für fast zehn Euro, die Grabowski verjagen sollten. Einer meiner Gartenfreunde sagte über die Duftaktion nur verächtlich »Kinderfasching«. Grabowski sah es ähnlich und baggerte weiter Haufen. Also kaufte ich Wühlmausfallen für acht Euro. Weil Grabowski aber um die Fallen herumwühlte, kaufte ich weitere Fallen, bis der ganze Rasen vermint war. Von Rasen konnte man gar nicht mehr reden. Durch die Fallenstellerei sah der Rasen aus wie Teile Afghanistans nach einem Bombenangriff. Grabowski ging in keine einzige Falle.

Eine Nachbarin erzählte mir, wie ihr Vater zu bestimmten Zeiten mit der Hacke in der Hand darauf gewartet habe, dass der Maulwurf nach oben käme. Leider hätte ihr Vater aber dabei einen Schlaganfall bekommen. Also ignorierte ich den Ratschlag. Ich grub den ganzen Rasen um, und tatsächlich: Grabowski war verschwunden. Bis ich ein paar Tage später auf der zweiten Rasenfläche einen großen Erdhaufen sah.

Der unordentliche Garten

Wer auf extremer Ordnung im Garten besteht, sollte jetzt abschalten. Ich plädiere nämlich für eine unordentliche Zufallsbepflanzung. Was heißt hier Bepflanzung? Die Pflanzen suchen sich selber ihren Standort. Das kann natürlich keine ordentliche Planung geben, aber Pflanzen, die ihren Standort selber suchen, gedeihen besonders gut.

Meine Zufallsbepflanzung geht so: Ich benutze im Garten zum Auffüllen und Abdecken Schreddermaterial oder Mulch vom Häckselplatz der Gemeinde. Manche Gärtner machen einen Bogen um diesen Mulch, der aus Gartenabfällen geschreddert wird; es könnten ja womöglich Unkräuter eingeschleppt werden. Unkraut ist dabei aber gar kein so großes Problem. Viel erstaunlicher und schöner ist, was da alles an Blumen und Sträuchern zufällig hervorkommt: Königskerzen und Efeu, Malven und Flieder, Sonnenblumen und Schmetterlingsstrauch, Sonnenhut und Lorbeer, gelbe Gemswurz und Bergenie.

Ich wäre nie auf die Idee gekommen, an der einen Stelle im Garten einen Flieder zu pflanzen – aber als er nun mal hochkam, ließ ich ihn stehen. Und Königskerzen dürfen bei mir immer wachsen, weil sie angeblich das Haus beschützen. Nicht alles darf in diesem Chaos bleiben, aber ich freue mich an diesem leichten, bunten Durcheinander.

Kürbissuppe Einen mittelgroßen »Butternut«-Kürbis schälen, die Kerne entfernen, in Stücke schneiden und in Gemüsebrühe weich kochen, im Mixer pürieren und zusammen mit einem Becher Crème fraîche nochmals aufwärmen. Mit Salz, Pfeffer und Petersilie abschmecken. Zum Servieren in die Mitte des Tellers einen Esslöffel Kürbisöl geben. Versuchen Sie nicht, mit zu vielen Gewürzen den Kürbisgeschmack zu töten!

Für die Suppe kann man auch andere Kürbissorten nehmen. Die »Johanna« aus der Fernsehserie »Die Fallers« schwört auf den »Muskatkürbis«. Volker Kugel, Direktor des »Blühenden Barock« in Ludwigsburg und Veranstalter einer großen Kürbisausstellung, zieht den rötlichen »Hokkaido« vor. Inzwischen gibt es bei der allseits beliebten Kürbissuppe viele raffinierte Sondertipps. Der SWR4-Moderator Michael Branik setzt das Gewürz Macis ein, das ist die getrocknete so genannte Muskatblüte, eigentlich die Samenhaut um die Muskatnuss. Der Berliner Kameramann Matthias Seldte, der immer die Serie »grünzeug« filmt, ist ganz begeistert von gekrümelter, krosser Entenbrusthaut auf der Kürbissuppe. Aber da muss man vor der Kürbissuppe an die Entenbrust denken!

Gartentipps November

November

Wenn der Boden schlapp macht Die Garten-Saison ist zu Ende, die Gemüse-Beete sind leer, die Blumen-Rabatten abgeblüht. Nehmen Sie nun Ihren Boden unter die Lupe. Ist die Erde stark ausgezehrt, spricht der Gärtner von Bodenmüdigkeit. Der Grund dafür: Durch den Anbau der stets gleichen Pflanzenart ist der Boden vollständig ausgelaugt. Sie können dieser Erscheinung begegnen, indem Sie jetzt die Erde mit Nährstoffen versorgen und dann im Frühjahr auf Fruchtwechsel achten. Die Regel lautet, man setzt erst stark zehrende, dann schwach zehrende Pflanzen.

Rosen schützen Jetzt müssen Sie Ihre Rosen vor dem Frost schützen. Dazu schütten Sie lose Erde zu einem Hügel um und auf die Rose, wobei noch etwas von den Trieben zu sehen sein sollte. Bedecken Sie die Pflanzen mit Stroh und Reisig oder packen Sie sie mit Folie oder Stoffresten ein. Dies ist vor allem auch bei Hochstammrosen wichtig. Binden Sie am besten fünf Reisigzweige um die Krone, damit diese abgedeckt ist.

Pusteln an Obstbäumen Rötliche kleine Höcker auf der Baumrinde – da läuten die Alarmglocken bei Obstbaum-Besitzern. Bei der Rotpustelkrankheit dringt der Pilz bevorzugt in Wunden und altes Holz ein, um sich dann in das gesunde Gewebe vorzuarbeiten. Befallene Bäume müssen deshalb sofort bis zu den unbeschädigten Stellen radikal zurückgeschnitten werden. Das Schnittgut aus dem Garten entfernen, Arbeitsgeräte gründlich reinigen, damit andere Bäume nicht »angesteckt« werden können.

Kurzschnitt für den Winter Der Rasen geht mit »Kurzhaarschnitt« in den Winterschlaf. Manchmal muss der letzte Schnitt noch im November erfolgen. Bleiben Grashalme zu lang, können sie unter der Schneedecke zusammenkleben. Die Folge: Schneeschimmel. Auch sollten Sie Gras, Laub und andere Pflanzenreste vor dem ersten Schnee von der Rasenfläche abkehren. Umstritten ist die Düngung: Je nach Wuchskraft ist es empfehlenswert, im Oktober noch sehr schwach zu düngen. Zu diesem Zeitpunkt sind die Wurzeln der Rasenpflanzen noch aktiv.

Beerensträucher Sie können jetzt noch bei milder Witterung Beerensträucher pflanzen. Denken Sie daran, dass Johannis-, Brom- und Stachelbeeren Sonne brauchen und in einen gut gelockerten Boden gepflanzt werden wollen. Himbeeren lieben es dagegen halbschattig. Sinnvoll ist es, neben Johannisbeeren duftende Wermut-Heilpflanzen zu setzen.

Gartentipps — November

Begonie ohne Wasser Sie blüht zwar üppig, wird aber danach meist weggeworfen – die Knollenbegonie kann aber durchaus länger erfreuen. Sobald sich die Blätter gelb färben, das Gießen einstellen. Die Begonie an einem trockenen und kühlen Platz (etwa 13° C) überwintern lassen. Bei halbknolligen Arten, die ihr Laub behalten, geben Sie nur so viel Wasser, dass der Topfballen nicht vollständig austrocknet.

Lebenswichtiges Wasser Immergrüne Gehölze verdunsten auch im Winter Wasser; wenn aber der Nachschub bei gefrorenem Boden knapp wird, droht Gefahr. Das Wurzelsystem junger Nadelbäume ist noch nicht genug verzweigt, friert bei Frost hoch, die feinen Wurzeln reißen ab. Daher in frostfreien Zeiten die Wurzelballen festtreten und so die Wasseraufnahme sichern. Jetzt im Herbst mit Patentkali düngen, der wirkt wassersparend und erhöht ihre Frostresistenz.

Artgerechter Schnitt Achten Sie beim Schnitt Ihrer Clematis auf die Art oder Sorte der Kletterpflanze. *Clematis-montana*-Formen werden im Winter nicht geschnitten, da sie am alten Holz blühen. Dagegen vertragen die Klimmer der Neuholz-Gruppe wie *Clematis x jackmanni* im November einen kräftigen Verjüngungsschnitt. Einige Sorten, darunter auch »Nelly Moser«, blühen am alten und neuen Holz. Bei ihnen werden im Winter nur trockene Triebe entfernt.

Buchs will Wasser speichern Als wintergrüne Pflanze bringt der Buchsbaum auch in den nächsten Monaten Farbe in den Garten. Allerdings nur, wenn seine Wurzeln bei milder Witterung genügend Feuchtigkeit aufnehmen können. Deshalb ist es ratsam, die Pflanze jetzt noch mal gut zu wässern; eventuell muss man aber auch über die Winterzeit in einer milden Witterungsperiode noch kräftig gießen.

Geschichten   November

Der Garten als Entscheidungshilfe

Vor vielen Jahren habe ich mich heimlich beim Südwestfunk beworben. Das war eine gefährliche Geschichte. Der Süddeutsche Rundfunk war der Meinung, er sei der beste Sender in Deutschland – da geht man nicht weg. Ich wollte ins Studio Freiburg. Freiburg hat schon was. Vor allem ist es weit weg von allen Zentralen in Stuttgart und Baden-Baden. Also verhandelte ich mit dem damaligen Hörfunkdirektor Hubert Locher vom Südwestfunk in Baden-Baden. Das war ein sehr schwäbischer, sehr bodenständiger und sehr netter Direktor. Wir waren uns schnell handelseinig und alles war klar – fast alles. Irgendetwas hinderte den Direktor daran, endgültig zuzusagen.

Auf einmal zog sich die Geschichte immer mehr hin. Immer, wenn ich bei dem Direktor anrief, wand er sich mit merkwürdigen Andeutungen durch das Gespräch. »Es gibt Probleme«, sagte er, ließ sich aber nicht darüber aus, was das für Probleme waren.

Langsam verlor ich die Geduld. Ich wusste aber nicht so recht, wie ich den Direktor zu einer klaren Aussage bringen konnte. Da kam mir ein Gartenproblem zu Hilfe. Ich wollte im Herbst in meinem großen Garten Dung ausbringen. Ich erzählte dem Direktor von meinem »Mistproblem«. Wenn ich den Mist ausbringen würde, aber ab Weihnachten nach Freiburg müsste, ja, dann wäre die ganze Mistgeschichte eine überflüssige Arbeit gewesen. Nur mein eventueller Gartennachfolger hätte etwas davon gehabt. Der Direktor konnte mir auf einmal über den Umweg mit dem Garten helfen. Er sagte: »Bringen Sie Ihren Mist in den Garten!« Ich wusste Bescheid und blieb zunächst in Stuttgart.

Erinnerungslücken

Vor einiger Zeit hat sich ein Achtzigjähriger bei mir entschuldigt, dass er Schwierigkeiten hat mit seinem Namensgedächtnis. Ich tröstete den guten Mann mit dem Hinweis, dass ich schon mit 30 so meine Schwierigkeiten mit Namen hatte. Er nannte mich daraufhin charmanterweise einen Frühstarter.

Um das Gedächtnis und seine Lücken gibt es tausend Geschichten, auch darüber, welche Umwege benutzt werden, um an die Erinnerung wieder heranzukommen. In einem Krimi wird dieser Vorgang sogar als zusätzliches Spannungselement eingesetzt. Da erinnert sich der Kommissar an die Aussage einer Ärztin, die ihm entscheidend weiterhelfen könnte. Der

Kommissar kann sich nicht mehr erinnern, nur noch daran, wer die Ärztin war und was er sie gefragt hat. Die Antwort fällt ihm aber einfach nicht ein, er meint aber zu wissen, dass er dann der Lösung des Falles näher kommt. Also lässt er die Ärztin suchen, obwohl es Nacht ist. Es stellt sich heraus, dass sie auf einem Segelboot auf der Ostsee unterwegs ist. Doch weil der Kommissar so sicher ist – trotz seines schlechten Gedächtnisses –, findet er über Funk das Segelboot. Das Segelboot muss in der Dunkelheit sogar bei einem anderen Boot beisteuern, damit die Ärztin ein Telefon benutzen kann. All das nur, weil dieser Kommissar Wallander sich nicht richtig erinnern kann und davon besessen ist, mit der Aussage den Fall zu lösen.

Tatsächlich ist dies dann die Lösung. Mich hat diese Geschichte fasziniert, weil sie zeigt, dass man Unsicherheiten im Gedächtnis haben kann, aber dennoch sicher sein kann.

Rezept — November

Königsberger Klopse   Wie kommen ausgerechnet Kapern in die Soße von Königsberger Klopsen? Wahrscheinlich hat es mit dem ostpreußischen Bernstein zu tun. Denn über den Bernstein gab es schon in früheren Jahrhunderten Handelsverbindungen nach Sizilien, der Heimat der Kapern.

Die Kapern kommen hier aber erst später dran. Erst einmal eine gehackte Zwiebel in Butter dünsten. 500 g Hackfleisch mit einem eingeweichten Brötchen, einem Ei, einem Teelöffel Sardellenpaste und der Zwiebel gut verkneten. Ausreichend mit Salz und Pfeffer abschmecken. Die Klopse formen und 10 Minuten lang in 1 Liter kochender Gemüsebrühe ziehen lassen. Die Brühe mit Mehl andicken. Etwas Zitronensaft, einen Becher Sahne und ein Glas Kapern dazugeben. Die Soße sollte richtig sämig sein. Dazu gekochte, mehlige Kartoffeln.

Wir haben bei uns im Programm einmal die häufigsten Sprüche von Müttern gesammelt. Darunter war der Hinweis einer Mutter über ihren Sohn: »Er hat immer so gern Königsberger Klopse gegessen!«

Gartentipps   Dezember

Dezember

Weihnachtsbäume   Wenn die Freude an Ihrem Weihnachtsbaum länger anhalten soll, dann bedenken Sie Folgendes: Tannen halten sich länger als Fichten und sind deshalb besser geeignet, an Weihnachten das Zimmer zu schmücken. Legen Sie den Baum bis zum Heiligen Abend nicht in den Keller, sondern ins Freie. Der Christbaum verträgt die trockene Luft nicht und reagiert mit »nadeln«. Sie können zusätzlich Wasser in den Ständer füllen.

Balkon- und Kübelpflanzen   Wir sollten auch im Winter an unsere im Freien überwinternden Balkon- und Kübelpflanzen denken. Abgestorbenes oder verwelktes Laub sollten Sie anders als im Sommer entfernen, da sich leicht Schimmel auf der Erde bildet, wenn das Laub heruntergefallen ist. Achten Sie auf Schädlingsbefall. Bei manchen Pflanzen können Sie die Schädlinge abkratzen, bei anderen hilft nur spritzen. Je eher Sie mit der Schädlingsbekämpfung beginnen, desto besser sind die Chancen.

Die Farbe der Nadeln   Ändert sich die gehölztypische Farbe an Ihren Koniferen, dann sollten Sie die Ursachen suchen und bekämpfen. Bände spricht die Farbe der Nadeln: Gelbe Spitzen sagen aus, dass Magnesium fehlt. Abhilfe schafft Bittersalz, in Wasser aufgelöst und über die betroffenen Nadeln gespritzt. Völlig unterernährt ist die Konifere, wenn die Nadeln braun sind. Dann müssen Sie über die Wurzeln Kali zugeben. Gelbe Flecken auf Altnadeln sind das Schlimmste, was passieren kann. Dann waren Sitkafichtenläuse am Werk. Und da hilft nur noch die Giftspritze aus dem Fachhandel.

Dattelpalme   Die Dattelpalme (Phoenix-Palme) braucht im Winter wenig Wasser, aber viel Licht. Ideal sind Raumtemperaturen von 3 bis 5° C. Sie erkennen leicht, ob die Pflanze umgetopft werden muss. Bilden sich an der Erdoberfläche kleine Wurzeln, dann braucht die Palme ein größeres Gefäß. Nehmen Sie dann einen zwei bis drei Zentimeter größeren Topf.

Kahle Wände?   Jetzt im Winter können Sie sich schon mal überlegen, wie Sie kahle Zäune und Wände begrünen können. Nehmen Sie doch die einjährigen Klettermaxe wie Glockenrebe, Zierkürbis, Schönranke, Prunkwinde, Duftwicke oder die Schwarzäugige Susanne. Diese Pflanzen greifen Putz und Mauerwerk nicht an und sind ein wunderbarer Blickfang.

Schutz für den Rosenkohl   In Sachen Vitamine verfügt der Rosenkohl über ein reichhaltiges ABC. Eigentlich ist dieses mineralstoffreiche Gemüse winterhart. In rauen Lagen kann der Rosenkohl jedoch erfrieren. Schlagen Sie ab Mitte Dezember Rosenkohl-Pflanzen mit den Wurzeln an einer geschützten Stelle ein: vorsichtig ausgraben und in einem Graben mit Erde bedeckt einstellen. Eventuell noch mit Reisig abdecken. Sind die Röschen erfroren, werden sie glasig und braun.

Verjüngungskur für Schneebälle   Der Schneeball verleiht jedem Garten ein mediterranes Flair, manche Sorten blühen sogar von Dezember bis April. Bei diesem sommergrünen, buschigen Winterschneeball sollten Sie die älteren Triebe entfernen. Das Auslichten sorgt für die fortlaufende Verjüngung des Strauches und damit für jahrelange Blühfreudigkeit. Sonstige Schnittmaßnahmen sind nicht nötig.

Winterjasmin   Nur wenige Pflanzen in unserem Garten fangen jetzt an zu blühen. Eine davon ist der Winterjasmin. Er blüht bis Mitte März. Der Winterjasmin eignet sich besonders zur Berankung von niedrigen Mauern, Hauswänden und Zäunen. Die Pflanze braucht allerdings Rankgerüste als Kletterhilfe. Ideal ist ein sonniger Standort, an dem die Pflanze vor rauen Nord- und Ostwinden geschützt ist. Der beste Pflanztermin ist im März.

Saatgut richtig aufbewahrt   Bewahren Sie die Samen fachgerecht auf, dann bleiben diese über mehrere Jahre keimfähig. Samen dürfen nicht zu warm und vor allen Dingen nicht feucht gelagert werden. Bewährt hat sich die Aufbewahrung in luftdicht verschließbaren Einmach-Gläsern. Am besten werden diese Behälter bei einer Raum-Temperatur von rund 12° C abgestellt.

Geschichten   Dezember

Anhänger oder Kaffeemaschine

Wer einen richtigen Garten hat, der hat auch einen richtigen Anhänger, um Gartenabfälle wegzufahren oder um Mulch, Steine, Schotter, Sand und Zement zu holen. Mein Freund Erwin hatte jedoch lange Zeit keinen Anhänger. Er fühlte sich nicht als richtiger Gärtner und war traurig. Er unternahm alles, dass seine Familie die Trauer mitbekam – doch manchmal sind Familien erstaunlich unsensibel. Es gelang Erwin nicht, dass sich seine Familie aufraffte, ihm zu Weihnachten einen Anhänger zu schenken. Zunächst vermutete Erwin, der Anhänger sei vielleicht als zu teuer angesehen worden. Dann musste er erkennen, dass die Familie offensichtlich seinen Herzenswunsch einfach ignorierte, weil ihr das Verständnis fehlte. Kurze Zeit überlegte Erwin, dass er den Anhänger vielleicht seiner Familie schenken sollte. Aber er verwarf den Gedanken schnell wieder, weil das Weihnachtsfest vielleicht doch eine klimatische Störung erfahren hätte.

Als Weihnachten näher rückte, einigte sich Erwin mit den Kindern darauf, seiner Frau einen größeren Kaffeeautomaten zu schenken. Die Frau sollte bei den vielen geladenen und ungeladenen Kaffeetrinkern entlastet werden. Erwin dachte eigentlich kaum noch an seinen geliebten Anhänger – bis die Rechnung für den Kaffeeautomaten vorlag. Erwin war entsetzt, die Kaffeemaschine war teurer als der Anhänger.

Nach Weihnachten kannte Erwin keine Zurückhaltung mehr. Er ging und kaufte das Objekt seiner Begierde.

Das Martha-Syndrom

Wer SWR4 hört, hört nicht nur Musik und regionale Berichterstattung, sondern auch Theologen mit den »Morgengedanken« und »Abendgedanken«. Diese Gedanken sind erstaunlich gut am Alltagsleben orientiert und können eine wirkliche Lebenshilfe sein.

Allerdings sollte man vorsichtig sein, wenn es um die direkte Anwendung geht. Mein Freund Erwin hörte eines Tages in den »Abendgedanken« die Tübinger Pfarrerin Lucie Panzer, die versuchte, eine Bibelstelle in die heutige Zeit zu übertragen. Erwin war tief beeindruckt. Es ging um den Besuch des Herrn bei Martha und Maria. Martha war ob des Besuches hektisch und ungemütlich, versuchte eine perfekte, leicht übertriebene Bewirtung, während Maria Zeit für ein Gespräch hatte. Offenbar vergaß der Herr nicht zu erwähnen, dass es Maria richtig mache. Dabei hatte sich Martha so angestrengt.

Daheim angekommen klärte Erwin seine Frau – immer noch an die Hinweise von Frau Pfarrer denkend – sofort auf und sagte ihr wenig taktvoll, sie habe ein »Martha-Syndrom«. Er sei ja schon lange der Meinung, sie treibe zu viel Aufwand, wenn Besuch komme. Sie habe dann nicht einmal Zeit, mit dem Besuch in Ruhe zu reden. Gelinde gesagt: Erwin wurde der Kopf gewaschen, denn seine Frau ist absolut bibelfest. Sie giftete Erwin an, dass sie schon wisse, was er wolle. In der Bibel stehe nämlich: »Maria setzte sich dem Herrn zu Füßen und lauschte seinen Worten.« Wie ein abschließendes Geschoss flog Erwin noch der Satz an den Kopf: »Des hätsch wohl gern!«

Geschichten — Dezember

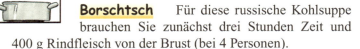

Rezept — Dezember

Borschtsch Für diese russische Kohlsuppe brauchen Sie zunächst drei Stunden Zeit und 400 g Rindfleisch von der Brust (bei 4 Personen).

Das Fleisch waschen, trockentupfen und in 2 Liter Wasser mit Salz bei schwacher Hitze aufkochen. Den Schaum abschöpfen, bei mittlerer Hitze etwa zwei Stunden ziehen lassen. Eine große Rote Beete, eine Möhre und eine Zwiebel schälen und in Würfel, 200 g Weißkohl in Streifen schneiden. Das Gemüse in zwei Esslöffel Butter dünsten. Die restliche Brühe vom Fleisch dazugeben und alles etwa zehn Minuten bei schwacher Hitze kochen. Einen Esslöffel Zucker, einen Esslöffel Essig, drei geschälte und geschnittene rohe Kartoffeln und ein Lorbeerblatt dazugeben. Die restliche Brühe durch ein Sieb dazugießen und alles 30 Minuten kochen. Zwei Tomaten überbrühen, häuten und klein schneiden, einen Esslöffel Dill und Petersilie hinzufügen und mit Salz und Pfeffer würzen. Das Fleisch klein schneiden und ebenfalls zur Suppe geben. Den Borschtsch im Teller mit einem großen Löffel saurer Sahne servieren.

Dazu Weißbrot und »irgendetwas« zu trinken, fertig ist der Russe.

Rund um den Garten

In Ihrer Buchhandlung

Martin Born und Volker Kugel

Gießbert und der Pflanzenretter

Heitere Geschichten und viele nützliche Tipps fürs Gartenjahr von SWR4-Maskottchen Gießbert und vom Gartenexperten der SWR-Fernsehsendung »grünzeug«, Volker Kugel. *Durchgehend farbig illustriert von Sepp Buchegger. 112 Seiten, fester Einband.* ISBN 978-3-87407-730-9

Brunhilde Bross-Burkhardt und Bärbel Schlegel

Bauerngärten in Baden-Württemberg

Die Autorinnen beschreiben verschiedene Arten von Bauerngärten und ihre Elemente, sie geben praktische Tipps zur Neuanlage und porträtieren herausragende Bauerngärten im ganzen Land. Der Hauptteil bringt reich bebilderte Kurzbeschreibungen von Kloster-, Schau- und Privatgärten in Baden-Württemberg zur gestalterischen Inspiration und als Anregung für wunderbare Gartenausflüge.

162 Seiten, 212 Farbfotos, fester Einband mit Schutzumschlag.
ISBN 978-3-87407-504-6

Silberburg-Verlag

www.silberburg.de

Kochen und Backen

In Ihrer Buchhandlung

Martin Born

Unsere Lieblingsrezepte

Gießbert kocht mit den LandFrauen

100 traditionelle und ungewöhnliche Rezepte für vier Personen, präsentiert von Gießbert und den baden-württembergischen LandFrauen.
*Farbig Illustriert von Sepp Buchegger.
112 Seiten, fester Einband,
ISBN 978-3-87407-710-1*

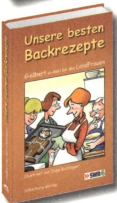

Unsere besten Backrezepte

Gießbert zu Gast bei den LandFrauen

Gießbert hat sich in seinem neuen Buch ganz und gar dem Backen verschrieben. Und dazu hat er kompetente Hilfe gesucht und gefunden: die Landfrauen Baden-Württembergs. Sie haben ihm ihre besten Backrezepte verraten. Zubereitungs-, Einkauf- und Weintipps, sowie Geschichten zu den Rezepten runden alles zu einem schmackhaften Ganzen ab.

*Farbig Illustriert von Sepp Buchegger.
112 Seiten, fester Einband,
ISBN 978-3-87407-786-6*

Silberburg-Verlag

www.silberburg.de